杭州优秀传统文化丛书

Hangzhou Youxiu Chuantong Wenhua Congshu

邵 杨——著

杭州出版社

图书在版编目（CIP）数据

我从山中来/邵杨著. -- 杭州：杭州出版社，
2022.8
（杭州优秀传统文化丛书）
ISBN 978-7-5565-1657-5

Ⅰ.①我… Ⅱ.①邵… Ⅲ.①杭州—地方史 Ⅳ.
① K295.51

中国版本图书馆 CIP 数据核字（2021）第 274506 号

Wo Cong Shanzhong Lai

我从山中来

邵　杨/著

责任编辑	钱登科
装帧设计	祁睿一
美术编辑	卢晓明
责任校对	萧　燕
责任印务	屈　皓
出版发行	杭州出版社（杭州市西湖文化广场32号6楼）
	电话：0571-87997719　邮编：310014
	网址：www.hzcbs.com
排　版	浙江时代出版服务有限公司
印　刷	天津画中画印刷有限公司
经　销	新华书店
开　本	710 mm × 1000 mm　1/16
印　张	13.75
字　数	172千
版 印 次	2022年8月第1版　2022年8月第1次印刷
书　号	ISBN 978-7-5565-1657-5
定　价	58.00元

序 言

文化是城市最高和最终的价值

　　我们所居住的城市，不仅是人类文明的成果，也是人们日常生活的家园。各个时期的文化遗产像一部部史书，记录着城市的沧桑岁月。唯有保留下这些具有特殊意义的文化遗产，才能使我们今后的文化创造具有不间断的基础支撑，也才能使我们今天和未来的生活更美好。

　　对于中华文明的认知，我们还处在一个不断提升认识的过程中。

　　过去，人们把中华文化理解成"黄河文化""黄土地文化"。随着考古新发现和学界对中华文明起源研究的深入，人们发现，除了黄河文化之外，长江文化也是中华文化的重要源头。杭州是中国七大古都之一，也是七大古都中最南方的历史文化名城。杭州历时四年，出版一套"杭州优秀传统文化丛书"，挖掘和传播位于长江流域、中国最南方的古都文化经典，这是弘扬中华优秀传统文化的善举。通过图书这一载体，人们能够静静地品味古代流传下来的丰富文化，完善自己对山水、遗迹、书画、辞章、工艺、风俗、名人等文化类型的认知。读过相关的书后，再走进博物馆或观赏文化景观，看到的历史遗存，将是另一番面貌。

过去一直有人在质疑，中国只有三千年文明，何谈五千年文明史？事实上，我们的考古学家和历史学者一直在努力，不断发掘的有如满天星斗般的考古成果，实证了五千年文明。从东北的辽河流域到黄河、长江流域，特别是杭州良渚古城遗址以 4300—5300 年的历史，以夯土高台、合围城墙以及规模宏大的水利工程等史前遗迹的发现，系统实证了古国的概念和文明的诞生，使世人确信：这里是古代国家的起源，是重要的文明发祥地。我以前从来不发微博，发的第一篇微博，就是关于良渚古城遗址的内容，喜获很高的关注度。

我一直关注各地对文化遗产的保护情况。第一次去良渚遗址时，当时正在开展考古遗址保护规划的制订，遇到的最大难题是遗址区域内有很多乡镇企业和临时建筑，环境保护问题十分突出。后来再去良渚遗址，让我感到一次次震撼：那些"压"在遗址上面的单位和建筑物相继被迁移和清理，良渚遗址成为一座国家级考古遗址公园，成为让参观者流连忘返的地方，把深埋在地下的考古遗址用生动形象的"语言"展示出来，成为让普通观众能够看懂、让青少年学生也能喜欢上的中华文明圣地。当年杭州提出西湖申报世界文化遗产时，我认为是一项需要付出极大努力才能完成的任务。西湖位于蓬勃发展的大城市核心区域，西湖的特色是"三面云山一面城"，三面云山内不能出现任何侵害西湖文化景观的新建筑，做得到吗？十年申遗路，杭州市付出了极大的努力，今天无论是漫步苏堤、白堤，还是荡舟西湖里，都看不到任何一座不和谐的建筑，杭州做到了，西湖成功了。伴随着西湖申报世界文化遗产，杭州城市发展也坚定不移地从"西湖时代"迈向了"钱塘江时代"，气势磅礴地建起了杭州新城。

从文化景观到历史街区，从文物古迹到地方民居，众多文化遗产都是形成一座城市记忆的历史物证，也是一座城市文化价值的体现。杭州为了把地方传统文化这个大概念，变成一个社会民众易于掌握的清晰认识，将这套丛书概括为城史文化、山水文化、遗迹文化、辞章文化、艺术文化、工艺文化、风俗文化、起居文化、名人文化和思想文化十个系列。尽管这种概括还有可以探讨的地方，但也可以看作是一种务实之举，使市民百姓对地域文化的理解，有一个清晰完整、好读好记的载体。

传统文化和文化传统不是一个概念。传统文化背后蕴含的那些精神价值，才是文化传统。文化传统需要经过学者的研究提炼，将具有传承意义的传统文化提炼成文化传统。杭州在对丛书作者写作作了种种古为今用、古今观照的探讨交流的同时，还专门增加了"思想文化系列"，从杭州古代的商业理念、中医思想、教育观念、科技精神等方面，集中挖掘提炼产生于杭州古城历史中灵魂性的文化精粹。这样的安排，是对传统文化内容把握和传播方式的理性思考。

继承传统文化，有一个继承什么和怎样继承的问题。传统文化是百年乃至千年以前的历史遗存，这些遗存的价值，有的已经被现代社会抛弃，也有的需要在新的历史条件下适当转化，唯有把传统文化中这些永恒的基本价值继承下来，才能构成当代社会的文化基石和精神营养。这套丛书定位在"优秀传统文化"上，显然是注意到了这个问题的重要性。在尊重作者写作风格、梳理和讲好“杭州故事”的同时，通过系列专家组、文艺评论组、综合评审组和编辑部、编委会多层面研读，和作者虚心交流，努力去粗取精，古为今用，这种对文化建设工作的敬畏和温情，值得推崇。

人民群众才是传统文化的真正主人。百年以来，中华传统文化受到过几次大的冲击。弘扬优秀传统文化，需要文化人士投身其中，但唯有让大众乐于接受传统文化，文化人士的所有努力才有最终价值。有人说我爱讲“段子”，其实我是在讲故事，希望用生动的语言争取听众。今天我们更重要的使命，是把历史文化前世今生的故事讲给大家听，告诉人们古代文化与现实生活的关系。这套丛书为了达到“轻阅读、易传播”的效果，一改以文史专家为主作为写作团队的习惯做法，邀请省内外作家担任主创团队，组织文史专家、文艺评论家协助把关建言，用历史故事带出传统文化，以细腻的对话和情节蕴含文化传统，辅以音视频等其他传播方式，不失为让传统文化走进千家万户的有益尝试。

中华文化是建立于不同区域文化特质基础之上的。作为中国的文化古都，杭州文化传统中有很多中华文化的典型特征，例如，中国人的自然观主张“天人合一”，相信“人与天地万物为一体”。在古代杭州老百姓的认知里，由于生活在自然天成的山水美景中，由于风调雨顺带来了富庶江南，勤于劳作又使杭州人得以“有闲”，人们较早对自然生态有了独特的敬畏和珍爱的态度。他们爱惜自然之力，善于农作物轮作，注意让生产资料休养生息；珍惜生态之力，精于探索自然天成的生活方式，在烹饪、茶饮、中医、养生等方面做到了天人相通；怜惜劳作之力，长于边劳动，边休闲娱乐和进行民俗、艺术创作，做到生产和生活的和谐统一。如果说"天人合一"是古代思想家们的哲学信仰，那么"亲近山水，讲求品赏"，应该是古代杭州人的生动实践，并成为影响后世的生活理念。

再如，中华文化的另一个特点是不远征、不排外，这体现了它的包容性。儒学对佛学的包容态度也说明了这一点，对来自远方的思想能够宽容接纳。在我们国家的东西南北甚至是偏远地区，老百姓的好客和包容也司空见惯，对异风异俗有一种欣赏的态度。杭州自古以来气候温润、山水秀美的自然条件，以及交通便利、商贾云集的经济优势，使其成为一个人口流动频繁的城市。历史上经历的"永嘉之乱，衣冠南渡"，"安史之乱，流民南移"，特别是"靖康之变，宋廷南迁"，这三次北方人口大迁移，使杭州人对外来文化的包容度较高。自古以来，吴越文化、南宋文化和北方移民文化的浸润，特别是唐宋以后各地商人、各大商帮在杭州的聚集和活动，给杭州商业文化的发展提供了丰富营养，使杭州人既留恋杭州的好山好水，又能用一种相对超脱的眼光，关注和包容家乡之外的社会万象。这种古都文化，也代表了中华文化的包容性特征。

城市文化保护与城市对外开放并不矛盾，反而相辅相成。古今中外的城市，凡是能够吸引人们关注的，都得益于与其他文化的碰撞和交流。现代城市要在对外交往的发展中，进行长期和持久的文化再造，并在再造中创造新的文化。杭州这套丛书，在尽数杭州各色传统文化经典时，有心安排了"古代杭州与国内城市的交往""古代杭州和国外城市的交往"两个选题，一个自古开放的城市形象，就在其中。

"杭州优秀传统文化丛书"在传统和现代的结合上，想了很多办法，做了很多努力，他们知道传统文化丛书要得到广大读者接受，不是件简单的事。我们已经走在现代化的路上，传统和现代的融合，不容易做好，需要扎扎实实地做，也需要非凡的创造力。因为，文化是城市功能的最高价值，也是城市功能的最终价值。从"功能城市"走向"文化城市"，就是这种质的飞跃的核心理念与终极目标。

2020 年 9 月

（单霁翔，中国文物学会会长）

千里江山图（局部）

目　录

引 言

身为一个生于杭州、在湖光山色中长大的幸运儿，坐拥西子烟波、钱塘潮涌、运河古意、良渚遗踪诸多绝胜，相看不厌、流连忘返的风景实在太多，乃人生快事。

可我最偏爱的地方，却是宝石山西麓的栖霞岭——这条横贯过葛岭身旁、盘桓在岳王庙后山、静栖于初阳台比邻、从曙光路直通北山街的林间捷径。

它的这一侧是市区，黄龙体育中心、浙江图书馆、省文旅厅、世贸中心、浙大西溪校区、小百花越剧场全在近旁。对一座现代大城而言，它们或是治理中轴，或是财富枢机，或是文脉上庠，或是遗产传续，无一例外，都足以充当地标性建筑。

它的那一侧则是景区，曲院的荷花、孤山的鹤影，略走几步，就能上苏白二堤。

也就是说，它的头尾虽风貌各异，却都注定人声喧哗、摩肩接踵、车水马龙，唯独它自身做了过渡地带，竟然幽深奇僻，静谧到仿佛被世界遗忘的样子。

虽然所谓"都市人的心灵氧吧"这种词，堪称不可救药的劣质文艺腔，但必须承认，每个人都会有那种"私藏的角落"。

反正，我是一贯无所顾忌地张狂孟浪，僭越了"主权"，把它视作"自己的地方"。

毕竟，它不是断桥、三潭印月、六和塔、灵隐寺，没那么多络绎不绝的慕名而来者与我争抢。

从小到大，每有心绪烦乱、灵感缺失、精神郁躁的晨间午后，我总会一个人去那里，不带目的地走、不带目的地看、不带目的地想或者不带目的地什么都不想，然后，一切就都平复、缓释，再次和顺成岁月静好的样子。

栖霞岭一带有诸多古迹，岳坟、黄龙洞、初阳台、抱朴道院等，一个个目不暇接。再加上紫云洞、金鼓洞、银鼓洞依次排开，白沙泉上康有为亲笔书写的题名，岭头的牛皋墓里安眠着岳飞手下那位勇武的大胡子，再往前走，还有黄宾虹纪念室，以及杭州的老民居建筑群。

西湖四围诸山，独此地海拔低、台阶少、平易近人、界面友好，就成了久居岭下的百姓们最惯于亲近的去处。虽不是什么显赫景点，有时信步而上转过一个弯，却总能遇到不知从哪条野道登上来的老者，练声、遛鸟、打牌、闲坐，两侧的茶树丛中偶可见劳作的农人，再仔细去听，还有黄龙洞里的越剧声，伴着松涛雀吟徐徐传来，似有若无，总又余韵不散。

写至此处，大约看官诸君，多少能体会我的这份情愫、我的这点小心思：这个不太起眼的地方，在我眼里，就像杭州的一个缩影。

有岁月、有文化、有现代、有古意、有雅人、有名将，有山有水有坡有谷、有花有木有泉有洞，有不落尘网的道骨仙风、有欢娱熟络的凡俗烟火，有城市和风景、过去和现代、空寂和热闹、入世和出世，什么都在里面，但什么都不逾矩、不喧宾夺主、不带攻击性，什么都恰如其分，什么都自在从容，你在这里能满足从感官到灵魂的一切需要。

这来自时间的拼图游戏，来自往昔诸多细节的叠加，来自这片土地世世代代享受的得天独厚的资源，和这份得天独厚的资源下芸芸众生经历的栉风沐雨、恩怨别离。

这多像杭州本身：有岁月、有文化、有现代、有古意、有雅人、有名将，有山有水有坡有谷、有花有木有泉有洞，有不落尘网的道骨仙风、有欢娱熟络的凡俗烟火，有城市和风景、过去和现代、空寂和热闹、入世和出世。

精致和谐、大气开放，不争不抢，却装下了关于生活美学、城市美学、自然美学的全部理想。

因为杭州，也同样是一个时间的拼图游戏：吴越首府、南宋都城、东南望郡、浙江省会、旅游名城、东方休闲之都、天堂硅谷……一个个标签后面，是它从未停息的步伐。

凝集了太多的方向，探索了太多的可能，聚拢了太多的缤纷，终于，历史的沉积岩层凝固，封印为矗立今昔的山脊。

在这个意义上，我的栖霞岭和我的杭州相映相生。

我去北方读大学时，讲到自己这名满天下的家乡，那些外地的同窗总是神往和倾慕的，但你要他们说说对杭州的确切认识，他们总会嗫嚅良久，找不到确切的话头。

就连我自己，要跟人介绍杭州时，也频频落入顾此失彼、挂一漏万、"只缘身在此山中"的尴尬局面。

注定被言说和记录得太多，有时反倒不知从何讲起。

杭州在中国文化的语境中，更近似一个符号或者一个意象系统，它本身就是不那么确切的，它导出的情绪、唤起的心境、晕染出的氛围、引发的联翩浮想，都有点只可意会不可言传的味道。

一幅完美的拼图摆在眼前时，很难再去拆出它的拼合过程，再去还原每个色块与形状，是在哪个瞬间、以哪个姿势与角度被放置下来的。

但答案，只能存在于这个过程里面，唯一的办法，只能是再次钻入那个拼图游戏里，向过去的时间索要源泉。

让历史这个拥有固定线性的东西，为我们和盘托出一条游踪来。这条游踪，我称其为杭州成为"杭州"的过程。

杭州成为"杭州"。

前面的杭州，是个地理和行政区划名词；后面的杭州，是个文化名词，是个符号，是个意象系统，是那注定要与这两个字绑定的情绪、心境、氛围、联翩浮想和味道。

这本书的写作，终于让我拥有了陪着时间把关于杭州的拼图游戏重新玩一遍的机会。

这是我的荣幸，也是我的善缘。

只是，写杭州的文字，已盈千累万了，如何写出一点不一样，也是巨大的难题。

所以我又想到了我寻找灵感的地方。

接下这个写作任务的第二天，我照例去了栖霞岭。

这次我注意到了一棵树。

一棵古樟，在黄龙洞景区入口的牌坊边，通往栖霞岭那条小路的端点上。

古樟丰茂磅礴、遮天蔽日、盘根错节、遒劲峭拔，根须处的石牌上写着树龄：八百年。

八百年是什么概念呢？

就是说这棵古樟被栽下的时候，"直把杭州作汴州"的凄惶感叹正在西子湖畔萦绕徘徊，金与蒙古开始在河北拉锯，成吉思汗灭掉西辽正要出兵花剌子模，镰仓幕府的执政者北条氏刚刚崛起，十字军跨过地中海正进行第五次东征。

雪泥鸿爪，莫说天地星辰、河流山川，哪怕在一株大树面前，人也无异于蝼蚁飘萍般屑小短暂。

想象一下这棵古樟经历的时代，莫名让人恐惧，好像它远比我更有资格写下一本关于杭州的卷册。

但最重要的一点是，这棵古樟被栽下的时候，往往被作为杭州引以为豪的叙述起点。

因为那是南宋，是杭州作为都城的荣光时刻——虽然那对于中国历史来说，更多的是与屈辱、动荡相关——另一种维度的"江山不幸诗家幸"。

把一座城市成为京城的年代作为它进入光辉历史的开篇，这样的选择再自然不过了。

可是，"进入"总不会那么突然，那么凭空而降，那么缺乏更早的文本、缺乏必要的铺垫。

当宋室南渡，政治经济重心南移，杭州为什么成为天选之地？

为了这一刻的中选，它曾经预备了什么？为了这些预备，它曾经尝试了什么、获得了什么、创造了什么与舍弃了什么？

忽然，我就明白了我该写的是什么。

最熟悉的东西往往会在某个瞬间给你一个陌生的反噬，就像很多人照镜子时会慌乱：原来我是这个样子的？

那应对的办法就是回到一个原点上，比如你不知该如何介绍自己的时候，那就从童年说起。

我要写的是杭州的前史，是杭州的早期建构史和成形史，是杭州成为"杭州"之前的那些事情。

那些事情，是很重要的事情，也是容易被忽略的事情。

它们包含了若干个标志性的事件节点：秦始皇东巡、华信筑海塘、隋炀帝凿运河、李泌开六井、白乐天治理西湖……

它们也包含了若干次地方行政单位的属性变迁和级别变迁：秦汉之钱唐县、三国两晋之吴郡、隋代之杭州、唐代之余杭郡……

如果说八百年前的杭州正在接受自己的加冕，那这更早的杭州，就在经历自己的垂髫、总角、束发、弱冠，经历自己的风华正茂、美玉初成、青春作伴。

用怎样的笔触铺开这段前史也让我费了许多脑筋：高头讲章、学术论文，固然严谨典正，却未免失了妍丽的可读性；网络小说、脑洞大开，固然趣味盎然，却也许禁不住史实的考据推敲。

最后我决定取乎中道，给它一个文化散文的整体面貌，把情绪性、历史性、戏剧性、文学性结合到一起，不再纠结文体的细分，而是指事赋形、因地制宜。

那些很古老的故事，比如秦始皇在钱唐的遭遇，因为史籍里缺少细节，需要更多的想象填充，所以它被写得更像小说一些。

那些很曲折的故事，比如华信为海塘进行的筹款，因为民间传说里有诸多版本，能够彼此借鉴、取长补短，有了见微知著的原材料，所以它被写得更像剧本一些。

那些耳熟能详的故事，比如孙权与他的家族建立的功业，比如隋炀帝和大运河，比如白居易在杭州的政绩与行止，因为大家都知道前因后果而不用作太多事件性的交代，所以它们被写得更抒情一些，更着重于走入人物的内心，也更着重于评价其在历史上的意义。

那些看起来好像没资格入选、在正史中可能只配得上一两句边角料的故事，因为以"杭州"为出发点的评估立场，我同样给了它们充足的笔墨，比如唐寅之的起义，毕竟，这是杭州第一次有机会成为"首都"，哪怕只来自一个短命的自娱自乐的小政权。

有些故事，史家有不同的看法，我既没有能力也没有资格细作辨析，就把各种见解都并列于文中，供大家自己斟酌比对（比如"秦望山"究竟在今天的哪里）。

为了让本书中那些遥远的踪影从当下、从身边找到回响，我在每一章后都以链接小贴士的形式，附上了"古迹寻踪"，就章节内涉及的重要历史事件和人物，在如今的杭州范围内可以去凭吊和游览的相关景观遗迹，为大家略作介绍。

情长笔短，才疏学浅，文中难免错漏不断，只希望对于杭州的热爱，能勉励我催生出更多的勤奋，弥补自身的驽钝和盲目。

那就让我们一同走入这场时间的拼图游戏，去见识那些曾经发生在杭州的事、那些见证并参与过杭州重大历史事件的人，见识这些事和人所组成的历史，是如何以点带面、分层设色、集腋成裘、聚沙成塔，如何慢慢地让杭州成为"杭州"。

第一章

钱唐水波恶

《史记·秦始皇本纪》："三十七年十月癸丑，
始皇出游……过丹阳，至钱唐。临浙江，水波恶，
乃西百二十里从狭中渡。"

1. "东游之会稽"：用脚步复习征服的荣光

天下鼎定之后的第十二个春天，吴地木叶葳蕤、百花争妍，仿佛草泽中、沃壤里每寸新鲜的湿暖，都足以孕育一场盛大与绚烂。

只有一队绵延数里的铁黑的车驾，缓缓行进在一派俏丽的色泽中，成了最突兀的对比。甲士们眉宇凝重，神色像腰间阔剑一样生冷。

在上百名身负弓弩、肩扛戈矛的重甲锐卒和挂满羽饰的五色旌旗簇拥中，驷马驾拉的青铜御车恍如洪荒巨兽喘息方定。

车中坐着帝国的王。

哦，不对，他不喜欢"王"这个字，他的功业过于浩瀚，足以让这个字的意义边界全部决堤，他为自己无远弗届的荣耀研发了新的词，从战胜了所有敌人的那一天起，他开始决定称呼自己——皇帝。

这是一个崭新的词，在三皇和五帝里各取一字，好像以此实现了对一切上古君主的致敬甚至超越。当然，他是第一个使用该词的，所以他叫"始皇帝"，即嬴政。

只不过，此时的始皇帝已经是个年届五十岁的老者。

这具包裹在金丝黑龙袍里的曾让千万人颤抖的躯体，正在渐渐失去属于他的力量。

他不再是那个"履至尊而制六合"的征服者，不再是那个日阅奏折百二十斤的工作狂，甚至也不再是那个收天下书再将四百六十余个儒生尽数坑杀的心理变态。

秦始皇嬴政

寰宇四极，到处都是他的度量衡、他的圆形方孔货币、他的小篆，联通这一切的是他的驰道，环绕这一切的是他的长城。

他坐在御车中，目光浑浊，好像想不起自己还能再做些什么。所有的增量，都已经变成了常量。

有的人可以结束动荡，但这些人往往只属于动荡，疲倦的原因竟然是国中无事、四海升平。

这是宿命最吊诡的玩笑。

所以他决定再出来走一走，来看看自己亲手征服的每一寸土地。

这是一场活体亲历版的回忆录，一场帝王级别的旅行真人秀，一场亘古未有的大巡狩。

他已经出游过四回，但规模、路线均无法与此次媲美。

至于他为何会把视线投向南方，对缘由的猜测早已塞满史书卷册、街谈巷议、小说家言。

不知是谁说过，越衰老，就越容易迷信。

肉身颓朽的无力感，让人迫切需要抓住一些玄之又玄的东西，以便在幻觉里重新控制命运。

徐福的船队早已出发游于东海，累月经年，蓬莱瀛洲的音讯，仍未传回咸阳。

侯生和卢生两位担任宫廷顾问多年的资深方士，甚至因为无法胜任寻找仙药的工作而潜逃。

去洪荒之外找一个不死的秘方，终究太虚无缥缈，只能作为辽远的寄托。可总有些具象可感、能在眼前实践的事情，比如，仰望星空。

他养成了习惯，常常要亲自听取当月星象的记录观测结果。仿佛百无聊赖的当代人，每日早起，先扫一眼星座运势。

"启奏陛下，臣近日夜观天象，见……赤星移位……此实为……荧惑守心……乃天地巨变之兆……恐有不利……不利我大秦之事……"

占星官跪伏于地，恐惧让其哆哆嗦嗦，吞吞吐吐。

一旁的李斯微微摆手，止住了这段大逆不道却又干系紧要的汇报。

"荧惑守心"，即赤星（火星）靠近心宿，主大凶，轻则太子失位，重则皇帝驾崩。

"李卿，你如何看？"琉璃旒冕下、黄赤流苏遮挡后的那张面孔，恰到好处地藏在暗影之中，看不出任何表情，可这声音里，分明是有一丝抖颤、有一丝暗哑的。

李斯不语，若问的是盐铁、刑名、农政、兵事，他自然可以从容奏对，可偏偏这题超纲了——"六合之外，圣人存而不论"（《庄子·齐物论》）。

他学的是儒家，行的是法家，是"帝王之术"，不是阴阳五行。

"臣愚钝"三个字还没出口，那个声音却先发话了。

"叫太卜来吧。"

抖颤被克制了，喑哑却加重了几分。

"大衍之数五十，其用四十有九。分而为二以象两，挂一以象三，揲之以四以象四时，归奇于扐以象闰，五岁再闰，故再扐而后挂。"（《周易·系辞上传》）

五十根蓍草，取出一根后，随机分为上下两部分，象征天地；上面再取出一根后，放在上下之间，象征天地人；上面的蓍草用四根一组来分，象征四时……这一过程便是古代的占问之术。

恐惧来自玄奥之说，那就只好用玄奥的方式提供解决方案。自周以降，没有人怀疑过，这串繁复的过程里，暗示了周天万物。

结果显示："卦得游徙吉。"

原来一切比想象中简单，需要的只是迁一迁居民，出去走一走，就像以前那样。

那就出发吧，反正，他早就想再次出发了。

太子扶苏北上九原监军，抵御匈奴；右丞相冯去疾、御史大夫冯劫坐镇咸阳，料理朝政；名将章邯扼守骊山。帝国的布局，几近万无一失。

他只是带上了左丞相李斯，带上了小儿子胡亥，带上了中车府令赵高，一个是政治上的依赖，一个是亲情上的依赖，一个是生活起居上的依赖。

这安排看起来无懈可击，实则危机四伏、暗流涌动。

当然，没有人可以预估历史的偶然，哪怕是历史的创造者，也不能例外。

可是，去哪里呢？

他还是找了身边的术士，看看远方哪里有祥云，哪里有瑞气，既然是天意安排要出巡，天意也总会用新的吉兆为他示现一个目的地。

术士观风望云，结论却是："江东有天子气。"

又一个大逆不道的汇报，他简直怀疑身边这些人的脑子都坏了，诚心要给自己找气受。

朕在此处，你却说天子气在江东？

术士照例磕头如捣蒜：正因有天子气，方需请陛下以九五真龙之身，亲临其境加以压制。

"九五真龙之身，亲临其境加以压制。"

一直拿捏不定的目的地问题，好像一下子解决了——虽然并非通过吉兆，而是通过警报。

从咸阳出发，出函谷关，向南一路迤逦，下南郡，在云梦泽，向九嶷山方向遥祭虞舜，而后水陆并进，顺长江东下，经丹阳进入今苏南地区。

车驾直指江东。

曾经属于楚地的蛮荒角落、六国复辟势力避居啸聚之所，充满了骚动的游侠剑客、身负国恨家仇的流浪公子。

这么想的话，说那里酝酿着某种危险，好像也没错；说需要他去压制，好像也没错。

更何况，他心里还有一个始终没放下的东西——想要到达离海洋很近的地方。在嗅到死亡的气息以前，他依然没有放下到仙岛异境寻得长生药的执念。

他不承想几个月后，向着他仪仗遮道而拜的黔首（平民）中，有一个眉目英武、身躯挺拔的年轻人，会成为他王朝的掘墓者，以"楚"的旗号，焚毁他的宫室，缢死他的子孙。

他不承想几个月后，在大海边，他会被风暴惊惧，会在一个海神、大鱼和蛟龙组成的噩梦中，感到自己这一生里前所未有的无力。

楚地，海洋，共同等待着他的命运宣判，等待着他走进自己的修罗场。

他还不知道这些，当下一路顺风顺水，心情愉快。

所以他提出要去会稽山——黄帝留下金简玉字谶书的神山，大禹计功行封且死后归葬于彼的神山。

五帝之中，始皇帝最崇拜大禹。他俩一个治水，一个治世，一个划九州，一个立郡县，都在为这片天下确立规则和行政秩序，只不过，大禹已注定垂范万古，而始皇帝还无从估测身后之名。会稽山，在他确立的行政秩序里，属于会稽郡。

会稽郡下辖诸县，除郡治所在之吴县外，尚有余杭、海盐等，以及钱唐。

相传因治水之功而被尊为部落联盟首领的大禹，乘船赴诸侯大会，便在古钱唐换舟，改行水路，因此后人将之称作"禹航"。岁月蹉跎，口耳相传里流溢出多少不知不觉的变化，"禹"误读成了"余"，"航"错记成了"杭"，"禹航"也就成了"余杭"。

余杭、钱唐，后来都成了一座城市同体异名的代指。

钱唐三面环山，一处临水，"浙江径其南"（《水经注·渐江水》），直入大海。

要到会稽山，先要经过钱唐。

各位不曾看错，那时，浙江还是一个江河地理名词，钱唐还是一个行政区划单位，然后，钱唐的"唐"并不是一个错误写法。

很多年过去，"浙江"会命名一个行省，而"钱唐"却被拿来称呼这条烟波浩渺的水流，"唐"将改写成"塘"。

苏轼在此任地方官时，于《杭州乞度牒开西湖状》中说道："杭之为州，本江海故地。"

南宋词人周密寓居此地，在城南吴山青衣泉（即阅古泉）游玩时，见到山腰石壁上有水波细纹遗迹，亦不禁感叹："今之城市，皆当深在水底数十丈矣。"（《癸风吹水消的变换感，不独今人所有。时移势易的恍惚，总与这些在时光深处走来的城市相伴始终。

凡此种种，都是后话。

重点是，我们在这里已经可以牵出、可以见证"杭州"建置的起始：当它今日的城市版图大部分还在水底沉睡的时候，至少，它已经在历史中赢得了一个名字、一个位次。

港汊分歧、水网密布，陌生的地理风貌让始皇帝兴奋而好奇，可他从没有怀疑过自己会顺利地风平浪静地经过钱唐，因为他信任自己亲手营建的覆盖整个国土的"高速公路网络"。

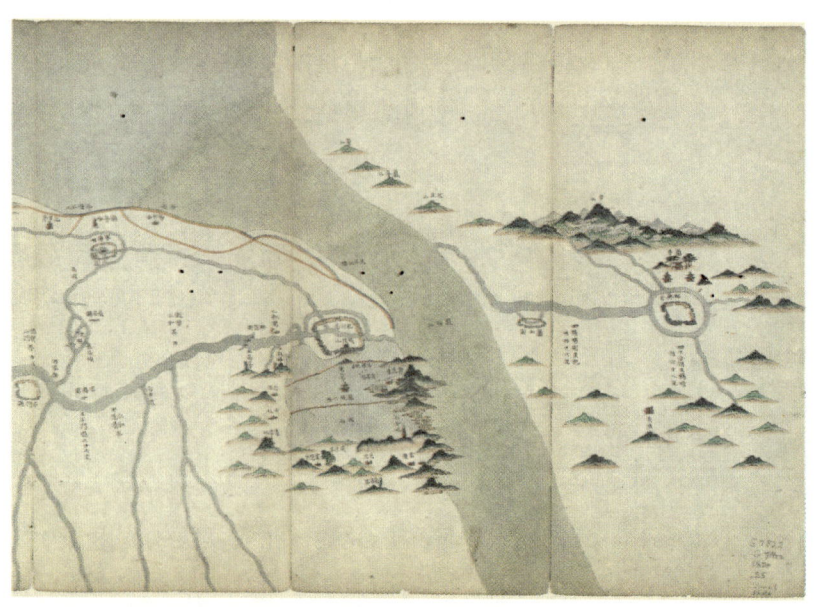

《四省运河水利泉源河道全图》（局部）可窥古杭州水网密布

在这个网络上，钱唐似乎只是个不起眼的中转站，无甚事迹可说，无甚要塞可建，无甚景物可看。

然而，奥妙来自中转站本身。

中转就意味着变化，变化就意味着某种不可控。

在这不可控里，会有真正近乎"天子气"的伟岸和狰狞，掀起于这位垂暮的天子面前，让他明白，总有一些东西能释放出远超他想象的力量。

比如，一道海湾，一场风暴，一次潮涌。

很多很多年后，在早已变得风光旖旎的被命名为"杭州"的东南胜景里，"钱塘"已经变成一条江的名字。当游人聚在一起观看它的涌动和奔流时，很少有人想到，它曾经吓倒过一生几乎不知恐惧为何物的秦始皇。

2. "治陵水道"：国家高速公路中转站

钱唐古属越地。

诸侯割据战乱，荒僻的东南一隅，也不曾拥有兵戈烽火的豁免权。春秋战国的主旋律奏鸣在中原，可勾践卧薪尝胆的故事，也足以成为一段变奏曲般的边域传奇。

一定要说钱唐有天子气，这大概就是起源。

这段坚韧不屈、逆境崛起的佳话蛊惑出了太多喷薄而出的野心，后来的一代代越王们，常常不甘于只扮演大争之世的配角。

公元前 334 年，越王无疆在位。这位老兄看着国势式微，想要重振越国昔日雄风。那柄传了六代的青铜剑，冷光凛凛，分明在饥渴地低吟。于是，他兴师向北，大张旗鼓地伐齐。

齐国的地位和实力摆在那里，很少有人敢招惹，招惹了，也往往没啥好下场。

只不过，当时齐国内部出了一点状况：专权的田氏正蠢蠢欲动，想要取代国君姜氏。

虽然天下正在无可救药地滑向谁拳头硬谁称王的丛林法则深处，可周天子的宗法伦理还被心照不宣地摆在台面上，这种僭越的企图哪怕动一动念头，都直接挑战了分封列国后就形成的基本秩序。所以挑战者必须对内对外尽可能地保持低调谦虚，不轻易树敌，这关系到他迟早要为自己立起的新的合法性里，到底能获得多少盟友、多少凭依。

因此，这个阶段的齐国是温和谦逊的，"怀柔"成了外交的主旋律。

此种温和给了越国错觉，以为这个北方的庞然大物已经变得软弱可欺。

当然，也是此种温和，让齐国并没有选择刀兵相碰，而是派出了使者，带着三寸不烂之舌。

大概齐国也知道，无疆这种敢于以小博大的脑残，多半思维简单，所要做的，只不过是把他这一刻的狂热导引去另一个方向，让他换一种和齐国无关的方式利令智昏。

"大王想要复现的，无非是先祖勾践的荣光，可大王是否想过，越王勾践当年从吴国手中夺得的江淮之地，这些年大多被蚕食进了楚国的版图之中?

"大王素日里总是抱怨韩国、魏国不思进取，不愿与您协力攻楚。其实，大王所求的，不过是让韩、魏牵制与分散楚国的兵力。殊不知如今楚国三个大夫已分率所有军队，向北包围了曲沃、於中，聚结在鲁、齐边境，战线总长超过三千七百里。自古以来，诸侯国的兵力，还有超过这种程度的分散吗? 所谓天赐良机，难道指的不就是此刻吗?

"大王在这种时机里还不对楚国复仇，岂不是犯了和韩、魏一样的错误——看见了他人身上的毫毛，却看不见自己眼前的睫毛? 这能称得上明智吗?"

无彊死死盯着齐国使者那张上下翻飞的嘴，和唇边不时飞溅而出的唾沫星，他强迫自己集中精神来分辨这些长篇大论里的天下形势。

但是他没想出来。

他唯一永不缺乏的是肾上腺素，于是，版图、复仇、兵力分散、天赐良机，这些词语对他的诱惑力，远远超出理智本身。

一通忽悠，一番道理，一场洗脑。

灭火也可能造成伤亡，最好的办法，是让火烧向与己无关的地方。

重点是，急于打个大仗的越王，就这样被说服了。

换了一种不自量力的方案，换了一个体量悬殊的对手，结果依然是那殊途同归的两个字：作死。

越军伐楚，楚军大举反击，两国交战，越国大溃。

无彊被击杀于阵前，北至徐州，南至浙江，尽数被楚国所得。

越国从此分崩离析，意外死亡的无彊根本没来得及指定接班人，王族子弟也就忙于自定正朔、争权夺位，最终在一盘散沙里，纷纷向楚纳贡，苟存于自家的狭小土地上。

属于越地的心气和野望，仿佛就灰飞烟灭在这一场诡异的战争中。自此之后，再无人逆势而起。以卵击石看上去很燃，但是，活着不好吗？

不是每个人，都有机会和能力成为勾践。

这份识时务的怯懦，一直延续到战国结束。

秦始皇吞并六国，已对楚国服服帖帖了很多年的两位"越王"，赶紧顺理成章地自去封号，臣服在新政权的曙色中。

秦朝废分封、行郡县，越国就成了会稽郡，会稽郡邻近中心的位置，就有了钱唐县。

由此，越地与所谓"中原诸夏"之间、与那隔着两条大河的文明中心之间，结束了长久以来若即若离、相爱相杀的内在紧张，成为一个真正的共同体。

虽然距离"杭州"这个概念的出现还有漫长的历史进程要等待，但从这一刻起，它的母体和雏形，第一次迎来了一种行政上的承认与赋权，第一次被放置在一个统一的框架内部，参与一个和平年代的级别分配。

地方人口逐渐增多，地理位置逐渐重要，地域经济活动逐渐繁荣，这无论从哪个角度看，都算作一种幸事。

不过，另一个关键的开国举措，让它获得了更煊赫的政治地位，从末梢神经晋升为骨骼或关节。

那就是驰道①。

这是中国历史上一场开天辟地的筑路工程，它开始于秦统一全国的第二年。

以咸阳为中心原点，如辉光四散，跨山林湖泊，连村舍阡陌，绵延曲折，渗入每一个遥远的终端聚落。

出高陵（今属陕西）通上郡（治今陕西榆林东南）的上郡道，过黄河通山西的临晋道，出函谷关通河南、河北、山东的东方道，出古上雒（今陕西商洛）通东南的武关道，出秦岭通四川的栈道，出陇县（今属陕西）通宁夏、甘肃的西方道，出淳化（今属陕西）通九原（治今内蒙古包头西）的直道……

在平坦之处，每一条驰道都保持着至少五十步（约今 69 米）的宽度，每隔三丈（约今 7 米）栽长松一棵，道两旁则用金属椎夯筑厚实，路中间还留有专供皇帝出巡的御道。

有规制、有底座、有隔离带、有行道植物，甚至还

①一说驰道与直道等道路是不同的。秦驰道有几条等问题，学界尚存在争议。

有车道划分，哪怕以今日标准，它也足够匹配关于"国道"的印象和想象。

驰者，疾也，车马疾行也。所以，它不仅是国道，更是可供"疾行"的国道，它是名副其实的"国家高速公路"。

在我们津津乐道于"车同轨，书同文"那简明扼要的功业总结时，常常忽视了这场筑路才是最具象的贯通四海、宇内归心——交通辐射背后，是政治映射，是文化散射，是心理认同感的投射。

这里面与钱唐有关的，是吴越驰道。

北以函谷关驰道为接点，南抵郢寿驰道为转折点，东南经丹徒、吴中，过震泽南岸，进入会稽郡。

这条驰道的走向决定了它不可能一直平铺直顺地伸展在平原地带上，不可能一直心安理得地在沙地、砾石、灰岩上摆放枕木锻造地基，它要走进水流密布的东南，北马南船，对于出行者而言，这意味着另一种思维模式。

所以，一个覆盖全国的交通线程里，不可能只包含旱地。

"水道"也是一种"道"，一种因地制宜的"道"；"行船"也是一种"驰"，一种缓急有序的"驰"。

《越绝书》卷二："治陵水道，到钱唐，越地，通浙江。秦始皇发会稽适戍卒，治通陵高以南陵道，县相属。"

让这座城市名满天下的大运河，还要八百多年才会到来。但是这片土地已经因为开凿人工水道，而受到天下青睐。

有学者指出，这条水道，就是如今杭州市内的上塘河。

经考证，当时钱唐县在杭州城区的水道行经路线是：自北而来，至宝石山转西，沿葛岭山麓绕行，一路与几股源于武林山的溪流汇合，成为后世的茅家埠、赤山埠和耿家埠水面，再沿南山北麓转而东行，因这一段顶风逆浪，故在吴山西北开凿栈道，采用人工拉纤克服，转过吴山岬角，再折南至凤凰山下的柳浦，方与浙江（即钱塘江）相通。

一串熟悉的地名，时光如叠影般迷幻。

一个小县，设置的原因就在于，它已不知不觉地掐住了水陆要冲。控制水道、扼住山口，弃舟登岸、下马换船，只此一家，绕不出第二条支线。

旋律在这个切分音里换了节拍和乐器，奏成新的和弦。

这就是为什么在之前的描述中，我愿意把钱唐叫作"中转站"。

或者，如果可以换一个更加时髦的词，那么"水陆枢纽"会更加恰切。

这也是为什么秦始皇的最后一场东巡，注定要在这里发生一些故事。

3. "临浙江"：落锚处是一块宝石

始皇帝一行沿长江而下的旅途相当顺利，又是水道，又是驰道，不久便到达钱唐。与他的神山会稽山之间，只隔了一条"径其南"的浙江。

舷窗外的江面烟波浩渺，平静而并不狰狞。

"这个时节的咸阳，应该下过雪了。"嬴政斜倚在御舟内的卧榻上，任由一堆毡垫和枕靠四仰八叉地包裹住四肢和躯干，目光迷醉。走了数月，寒冷已成另一片土地上的遥远故事，东南永无休止的暖湿，让他微醺般舒适。

很多年后的气象学者告诉我们，这样潮闷暖湿的日子里，很容易生成一种极端天气，叫作"强对流"。

杭州市民在夏天的午后，见惯了它骤然而至。

只不过，始皇帝当然不会知道。

所以他心满意足地睡着了，他想，醒来之后，应该就能到会稽，没什么比这更让人踏实了。

他做了一个从来没有做过的梦。

他之前也经常在梦中与人交战，大争之世，这本来就是他一生的宿命和业绩，梦里也不介意去复习的东西。

他梦见过赵王迁、楚王负刍、韩王安、齐王建、燕太子丹和荆轲，甚至还有弟弟长安君和相父吕不韦。

这一次，他还是甲胄戎装，斗志昂扬。他透过梦境看到这样的自己，心绪喜悦，意气风发。有人说一生不过是一轴卷册，现实就是按着页码次序慢慢翻阅，唯独梦可以打乱这份线性时间，一会儿翻到第一页，一会儿又翻到最后一页。

他以为他又翻到了第一页，可第一页里没有见过这样的对手。

那是一座巨型神祇，金盔金甲，身缠蛟龙，足踏大鲸，星眼剑眉，肤色却是极深的蓝，身后跟着无数披挂周全的龙蛇鳞爪、鱼鳖虾蟹，一张口，竟能吐出波涛汹涌的回响。

他有点害怕，可他终究是不知道什么叫退缩的。

于是他怒吼："来者何人！"

对方狂笑道："我压根就不是人，我是神，是海神。"

始皇帝不是没有见识过大海，他统一六国的历程就是以到达东方辽阔的海滨作为终点的。最强劲的对手——渤海之滨的齐国败亡之后，他早已明白，对那个自幼就幻想着要去踏遍的天下而言，这些浩瀚无垠的汪洋，构成了不可逾越的边界线，就像北面的长城一样。

所以他的诏书与诰谕里，他与臣下的问答和议论中，出现了一个新的词汇——海内。

在渤海边的碣石、黄海畔的琅琊台，他造起巍峨的画壁雕栏的离宫；在芝罘、东观，他都留下碑文，回述所向披靡的历程；在今连云港，他立石阙为"东门"，这个语焉不详的象征意义远大过外交意义的国家户枢，巧合般地与咸阳几乎平齐于同一纬度。

不可逾越，不代表不为之神往，不为之心折。

他的帝国，好像就这样兼具内陆性和海洋性。

回到始皇帝的梦里，梦里的始皇帝正在调动记忆。他绞尽脑汁也想不起，自己什么地方得罪过海神。他从来祭祀周到，并不曾把自己施予人间的残忍平移到六合之外。

海神又发出了波涛汹涌的声音，怒潮拍岸，响遏行云："你可记得此行路过东海之滨时，叫手下射杀过一条巨鱼？"

始皇帝恍然惊悟，确有此事，那条鱼有超乎想象的体积，他当时还引以为傲。

怎么就没想到，既然它能有非同寻常的体积，那它就定是非凡之物，它是海神的信使、臣民，甚至子侄？

海神咆哮的长枪截断了他内心的天人交战，随着枪尖所指，他看到那条大鱼，那无数山峰一样高耸、霜雪一样深寒的大浪，都在整齐划一地向着自己劈头盖脸地撞过来，他手中有战刀，腰间挂箭囊，却实在想不出该如何抵御这样的东西。

深入骨髓的恐惧把他死死缠住，在此之前，他都没想过自己这辈子还会"怕"。

"甲士何在！！！"这是他唯一能喊出的话。

然后他惊醒，坐起，冷汗湿透玄色龙袍。

竟然是梦，还好，是梦。

这就是"海神之梦"，始皇帝晚年里无数不可思议的传说中的一个。

那条被射杀的大鱼，也许是冬季从今朝鲜半岛洄游南下的灰鲸[1]。

惊醒的始皇帝还没来得及喘息定神，耳边就传来了和梦中别无二致的动静：波涛汹涌、怒潮拍岸、响遏行云。

更糟糕的是，整座御舟开始震荡、颠簸，左右急速摇摆，跟前几案上的青铜尊爵侧翻满地。

赵高躬身趋行进入舱内，周身抖颤如筛糠："陛下，水波甚恶，需……需寻避风处暂歇。"

透过窗户看去，他从没见过这样的景象：不知道什么时候降临的狂风暴雨，正在催动无边无垠的水，托起一堵堵耸立的波峰，再狠狠地将之一一敲碎，水竟然变成了一种有形体、有情绪的东西，似一群受惊的雁阵，又像亿万条银白色的鱼虾跳跃飞奔，碎银狂泻、震怒、乖戾、无坚不破、摧枯拉朽般。

他想跟人讲讲他刚才的梦，他觉得那个梦一定是一个凶兆，可他都不确定自己现在是不是还置身于梦里，是不是还置身于海神的怒火里。

他只问了还在"筛糠"的赵高一句："朕在何处？"

[1] 鲸是哺乳类动物，非鱼类。古人视鲸为鱼，俗称"鲸鱼"。

"陛下忘了吗？此地是钱唐，舟行于浙江。"

万鼓齐鸣，千军呐喊，惊雷追日，他看到所有的船都在急速地上升跌落，他看到那些铺天盖地的帆被撕成碎片，他看到随从兵丁们在狼狈不堪地抢险，他看到有人落水然后迅速消失得无踪无迹，他听到小儿子胡亥在哭，他听到丞相李斯在呵斥。

"寻避风处暂歇。"该死，他怎么重复了一遍赵高这狗奴才的话。

直到今日，杭州游人如织的北山街后宝石山上、作为地标符号的西湖双塔之一的保俶塔下，还能找到一块著名的"缆船石"，高昂、肃穆，抛掷在这古木枯藤、杂蔓丛生间荒芜多年，却气势犹然。

好事者常常忍不住打问：此地高丘无水，非河非溪，哪来缆船一说？他们忘记了"沧海桑田"这个意境悠远的词语。

相传，这就是当初始皇帝要"寻避风处暂歇"的地方。

西湖诸山，虽彼此相连，但成因和地貌大不相同。宝石山奇岩堆叠，就是一座石头山。

所以你不难想象，当这大半座山体都还被淹没在海平面以下时，那块因地势高而微微露头的所谓"缆船石"，只不过是一处敦实的大圆礁。

那时候，钱唐还是一处浅海湾，周围都还是一片汪洋。

天知道，被暴风雨和江潮折腾得筋疲力尽的始皇帝

秦皇缆船石旧影

一行，当初掉转船头找到这块大圆礁时，暗叹了多少声侥幸。

大圆礁和近旁的巨岩们，恰好搭起了一个避风港般的地方。洪波浊浪、凄风苦雨，被暂时隔挡在外。

随从们七手八脚地把粗粗的缆绳捆扎于礁石上，盘了一圈又一圈，系了一个又一个死结。

清点损失，还好，大臣公卿等随行人员基本都没事，尤其是始皇帝的龙体没事。

等吧，总有风平浪静的时候。

总有些物事，会这样阴差阳错地卷进历史当中，哪怕它只是一块石头。

宋人周密《武林旧事》载："大石佛院，旧传为秦始皇缆船石，俗名西石头。宣和中，僧思净就石镌成大佛半身。"

元末明初陶宗仪《南村辍耕录》"大佛头"条云："父老相传云，此石乃秦始皇系缆石。盖是时皆浙江耳，初无西湖之名。始皇将登会稽，为风浪所阻，故泊舟此处。"

明代诗人张舆，亦有"葛仙岭西大石头，祖龙东来曾系舟"的诗句。

清褚人获《坚瓠秘集》也说："大佛之石，本在江滨，相传为秦始皇缆船石。后因潮落，遂显湖山之迹。"

始皇帝的习惯，喜欢在各地刻石，唯独在这块救命恩石之上，他选择了不着一字。

是觉得这一日过得太过不堪，一无所记，还是在梦中的海神和梦外的海潮联手示警之下，忽然起了对天地万物的敬畏？

无人得知。只不过，那些穿越时光的"父老相传"，并不曾忘记这块石头。哪怕它沾了龙气而让人凭空生出敬畏，由此被雕刻成大佛的形状，但至少，当我们津津乐道于它更古老的来历，当我们追溯"第一位到达钱唐的天子"，当"无西湖之名"的此地还"皆浙江"的时候，只有它，在万顷水波上，代表了未来的杭州。

除了竺可桢和章鸿钊提出"西湖原是一海湾，因钱塘江所挟泥沙沉淀或海潮冲刷，以及海平面下降而形成"的观点，这块明明在山上且曾被用来泊船的石头，也提供了有力的旁证。

始皇帝一行等到了浪静风平，云销雨霁，辽远的海际微露一抹日痕，随即便霞光万道，半天俱赤，光景迷离倏忽，瞬息万变中，四山皆晦，唯泊舟之处，一地独明。

始皇帝不会知道，以后离这里不远的地方会被称作初阳台，每个晴朗的日子，它都是西湖四周最先照到太阳的地方。

因为始皇帝不可能等到"潮落，遂显湖山之迹"的那天。

因为没有人可以赢过时间。

4. "从狭中渡"：始皇帝的第一次和最后一次退缩

一千年后的唐代，一个来自漳州（今属福建）的书生周匡物前往长安（今陕西西安）应考，在杭州钱塘江畔，他陷进了和秦始皇别无二致的困境：风雨如磐、大潮横江，想尽办法不得渡。羁旅之人，心绪不宁，只得在客栈馆壁上题诗发泄：

"万里茫茫天堑遥，秦皇底事不安桥。钱塘江口无钱过，又阻西陵两信潮。"（《应举题钱塘公馆》）

你注意到了吧，"钱唐"变成了"钱塘"。

唯一没变的，是它依然会让一代代旅行者"人在囧途"。

书生气的周公子，推己及人，病急乱投医，竟然把怨气归结为"始皇帝当年为何不架桥渡江"上。

其实，他一个书呆子都能想到的事情，颇具雄才大略、一生斗天斗地的始皇帝，又怎能想不到？

但这世上，总有驯不服的江，总有架不了的桥。

众所周知，钱塘江江面宽阔，潮水来时，破坏力惊人，江底石层上流沙覆盖，深达 40 多米，各种水文数据都属别处罕见。所以，直到今天，杭州人还爱说一句谚语，唤作"钱塘江上造桥"，用来形容那些说大话、吹牛皮、不切实际的人。

直到 1875 年，富可敌国的红顶商人胡雪岩，才又有了在钱塘江上造桥的计划。那时，胡在上海开有钱庄分号，亲见了洋人所建的钢制大桥，怦然心动，就想在家乡也依样画葫芦仿制一座。他请来英、法、德多国工程师实地察看，并设计了施工图纸，作了工程估价，形成了调研报告，但最后，这个造桥计划还是搁浅了。

有人分析，原因不外乎两个：一是资金，二是技术。

你看，即使两千年过去，有些难题也依然会是难题。

在缆船石后休歇已定的秦始皇一行，正在重新判断这方水域。判断的最佳方式是观望，观望的最佳角度是俯瞰，俯瞰的最佳位置是山。

他在找到这块可以缆船的大石头之后，又找到了一座可以登上的高山。

始皇帝是军事家，他当然明白占据制高点意味着统摄全局，所以登高眺望，是他每到一地后最习惯的举措。

显著的证据是，全国不少地方都有叫作"秦望山"的地名，如上海金山区、江苏江阴市、浙江绍兴市等。

杭州，也有。

《太平寰宇记》卷九十三"秦望山"条引《舆地志》云："始皇东游，登此，欲渡会稽，故名。"

《淳祐临安志》卷八引《两朝国史志》云："钱塘有秦望山。"又引"旧图经"云："在钱塘县旧治之南一十二里一百步，高一百六十丈，周回一十里一百步。"淳祐志接着说："后唐同光中，钱氏于秦望山建上清宫，有巨石二十余株，自然成行，名曰金洞门。"

这些只言片语的方舆纪要过于模糊，所以直到今天，大家还在争议，秦望山究竟在杭州哪里。

有关此问题，学界意见主要分为两派：

一派认为秦望山即为大华山，又名二龙头，依据就在于前面那句"钱氏于秦望山建上清宫"——钱镠所筑之宫殿，在六和塔西，比对古今舆图，可猜出秦望山的位置。

另一派则倾向于秦望山是今日之将台山。晏殊《舆地志》和上文引述的"旧图经"均提到，秦望山有巨石二十余列，现今杭州群山里，只有将台山上能找到此景。更兼南宋地方志中提及，凤凰山在钱塘县旧治南十里，而秦望山在钱塘县旧治南十二里，既然凤凰山沿用了旧名，那以之为坐标研究相对方位，也可得出秦望山就位于将台山之所在。

无论如何，讨论秦望山的今日之所在，象征意义似乎要大过实际意义，因为它最大的价值在于，向我们又一次确证了这位帝王晚年的行迹，仅凭一个"望"字，就足以导引我们穿透历史的烟尘雾霭，重新想象那个倚山拔剑、四顾茫然、高处不胜寒的身影。①

在山顶，始皇帝第一次看清了钱唐全貌：满目波澜、潮涌咆哮、一望无垠。

北面与南面各有两处山峰向东突出于浩瀚烟波之上，形成了从海面到江面的两个海岬，把整个水面束成马蹄形。

北面的那座，后来被称作北高峰；南面的那座，后

①钟毓龙：《说杭州·说山》，载《西湖文献集成》第 11 册，杭州出版社，2004 年；垣进：《杭州秦望山在何处》，《浙江学刊》1988 年第 1 期。

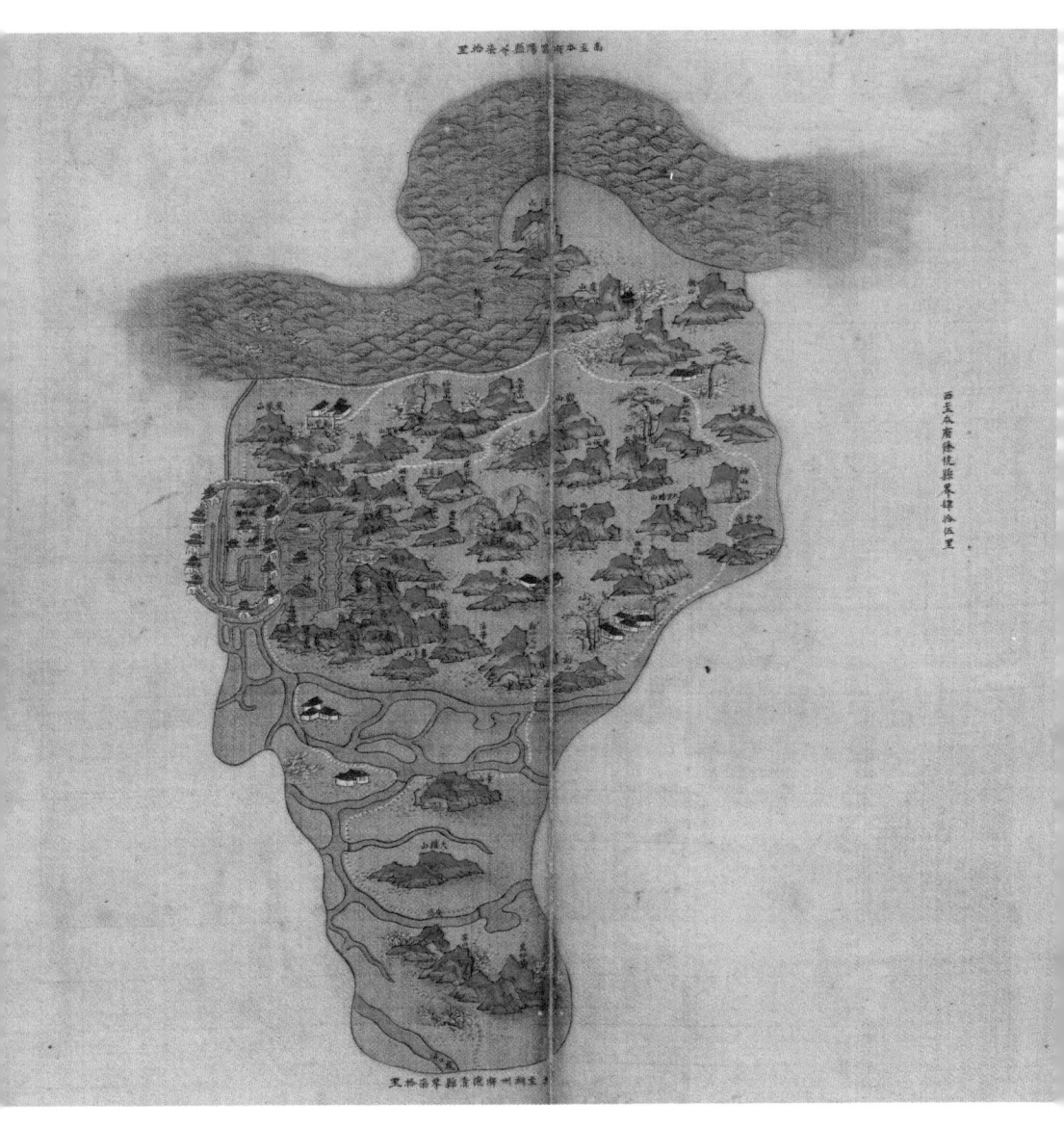

清代青绿彩绘《浙江全图·杭州府钱塘县》上可见"秦望山"地名

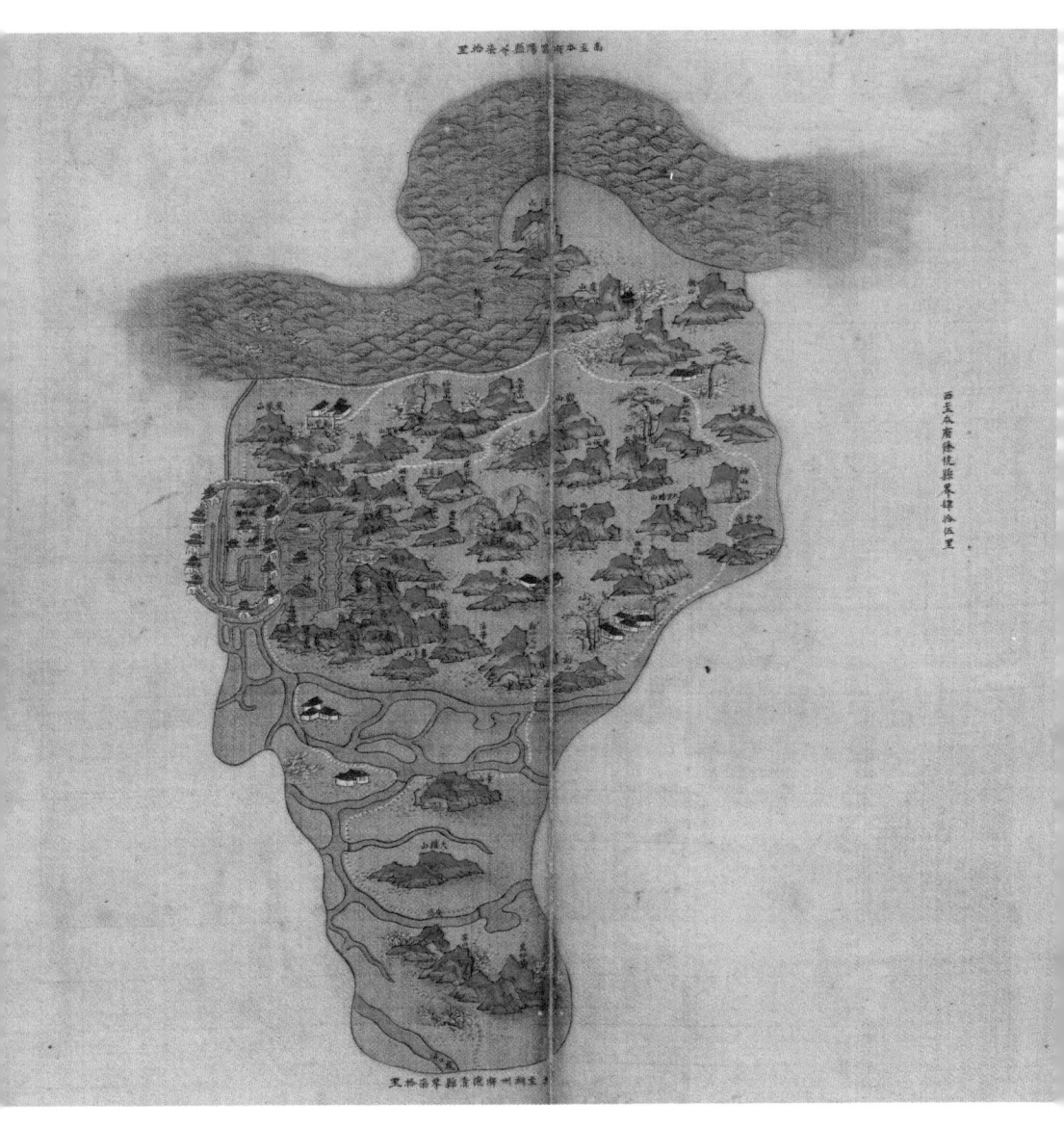

来被称为凤凰山。

始皇帝不会知道这些名字，在他眼里，它们只是一列列无名的分水岭。

海湾的轮廓就在这两处分水岭的挤压里急剧收紧，天然的喇叭口，好像注定就是用来让海浪先蓄势再爆发的。

仿佛一位观看敌阵的名将，在戎马一生的经验系统里，也找不出一条破解问题的锦囊妙计。

他有点灰心。

海湾是他特别不熟悉的一种地貌，灰心是他特别不熟悉的一种情绪。

"吾皇扫荡寰宇、廓清天下，四方诸侯望风而归，谅这区区小水，又岂在话下？依臣愚见，此地山林茂盛，木料土石俯拾皆是，不如征发民夫，填海为陆，就不信造不出一座桥来，让陛下安然缓行而过！"

不回头都知道是赵高在说话，始皇帝心想：这狗奴才，最擅长把事儿讲得这样动听，朕瞧他不上眼，可谁会介意时不时地听听这样的话呢？

"以臣愚见，天地之势，虽不可强逆，却可循其律而用之。陛下前番受了惊，不如在此暂居数日，姑且将养。臣当遍访野老土人，打问此处气候、风向、潮信，找一个不起风浪的日子，再行渡江，可保无虞。"

这是李斯。

有理有据，"不信造不出一座桥"这种鬼话，他是说不出的，所以他能当相国。

可是不起风浪的日子，果然能找到吗？始皇帝又暗忖，朕明明记得那天睡着之前，江面上也是风平浪静的啊。

两个宠臣，无意间就成了鹰派和鸽派，他们都在等着自己的意见被采纳，然后甩给对方一个得意的白眼。

他们都没想到，始皇帝的决定更加极端。

"传令，开拔向西，寻一处窄一点的江面。"

他俩面面相觑，好像是刚输了第一阵，就要放弃一座兵家必争的城池。

马蹄形海湾是弧线的，喇叭口是收紧的，那就往弧线的深处、往收紧的方向去。

水波甚恶，那就换成不恶的地方去。

"从狭中渡"，总是没错的。

"狭中渡"的确切位置，据《资治通鉴》记载，为"西百二十里"，胡三省注曰"今富阳、分水之间"。此论颇有依据，以浙江河口地形以及潮汐进入杭州湾的走势判断，富阳、分水（今属桐庐）段已是感潮河段[①]的上游，再汹涌的怒涛到这里，也基本可说是强弩之末了。

富阳、桐庐，都已归入今日杭州的下辖区县，也就是说，秦始皇一行的这场闪转腾挪，还是没有越出今日杭州的地界。

①感潮河段，即流量及水位受潮汐影响的河段。

但他终究是用了最避重就轻的方式，这也许是他攻无不克的一生中第一次退缩和服软。

讽刺的是，这次退缩和服软的实质，也只不过是尊重了科学常识。

而这第一次，同时也就成了最后一次。

渡江的阵势被经营得异常盛大，也许所有人都希望用一场非凡的气势给予自己心理暗示，尽快忘掉这个名叫钱唐的鬼地方，忘掉这个鬼地方给皇帝留下的下马威印象。

帆樯蔽日，旌旗遮天，划桨的船夫唱着雄浑的号子一迭连声地叫醒了群山，还有远处的海。

与世无争的钱唐不习惯被这种级别的阵势打扰，所以就有很多百姓跑来围观。

他们眺望，窃窃私语，讨论着一些关于"据说皇帝也拿这条江没办法"的八卦，在卫士们的呵斥声中沉默，或心悦诚服或不情不愿地跪拜于岸旁。

于是，人群中就有一个眉目英武、身躯峭拔的少年，对着身旁的叔父，说出了那句掷地有声、流传千古的"彼可取而代也"。

声音很轻，不至于招来祸患，但天下，正在这个低音预言里悄然改变。

渡江还算是顺利的，可始皇帝委顿在舱内，全程阴鸷不语、郁郁寡欢。

御医来过很多次，说："皇帝好像是着凉了，又好像是受了惊吓。"说完后半句，御医就吓傻了，意识到说皇上"受了惊吓"是很犯忌的。

始皇帝没有工夫去和御医计较，他哪里知道朕是在恼恨自己的服软，或者说，恼恨自己的不得不服软。

一个强健的躯体，往往就是从"不得不服软"的那一刻起猝然崩塌的。

始皇帝渡江后抵达会稽，"取钱塘浙江岑石。石长丈四尺，南北面广六尺，西面广尺六寸，刻文立于越栋山上"①。他终于把一生的功绩和对天下的治术，以这种方式铭镌于东南的神山，完成了对偶像大禹的比拟和汇报。

周览四方的蓝图，至此也该草草落幕，李斯和赵高又在七嘴八舌地给出建议，但他不再规划下一站了。他决定返程。越地经历的一切让他疲倦，他的精力和气格都在急剧变差，这一刻，他只是一个想家的老人。

可惜的是，他最终没有能够回到家。在归程中，他病倒了，然后日益严重，无药可医。

始皇帝死在邢州（今河北邢台）的沙丘行宫。那时，他庞大的队伍，还在沿着中国漫长的海岸线缓缓北返。对于他的死，史籍记载极为模糊，可归为两个字：暴毙。突发程度，就像那天钱唐不期而至的凶恶水波。

客死他乡是很多中国人最不愿接受的结局，唯一的安慰是，他本来就志在四海。

① 《越绝书》卷八《越绝外传记地传第十》，钱培名校，《丛书集成初编》本。碑文可见于《史记·秦始皇本纪》，中华书局，1959年。

杭州风貌

HANG ZHOU

他死后，李斯和赵高合谋，矫诏赐死了扶苏，扶持胡亥继承了帝位。始皇帝东巡带在身边的最信任和依赖的三个人，心照不宣地完成了一场最大的背叛，而此时，他还尸骨未寒。

不知他死前有没有再做一遍那个和大鱼有关的梦，但他的尸体，却被迫与一群鱼躺在一起——为了暂时瞒住皇帝已死的事实，秘不发丧，为政变留出更充裕的谋划时间，赵高搜罗了百余斤咸鱼放在御车周围，让那冲天的秽气来遮掩夏日里越来越明显的尸臭。

那些你以为再也走不完的征程，永远回不去了。

帝国失去的不仅仅是一位开国君主，还有一种气场，一种思维方式，以及一段开疆拓土的汹涌的时光。

因此，帝国即将分崩离析。

当然，说出"彼可取而代也"的这位少年，也没有在这场新的纷争里脱颖而出成为天下的主人。更巧合的是，在兵败自刎之前，这个少年自己也有一条渡不过去的江。

这是另一个故事了。

回看始皇帝出发之前的那一次次玄奥示警，不由得令人惊叹，关于这次东巡的所有预言好像都应验了。

但这种应验并不深奥，因为它只和历史自身的逻辑相关，以及和钱唐那片神奇的水土相关。

1937 年，由茅以升主持设计施工的钱塘江大桥正式通车，终于结束了钱塘江上无桥的历史，"从狭中渡"，再也不是杭州人过江的唯一选择。

始皇帝会羡慕今天这些在天堑变通途的"神话"里自由驰骋、往来大江两岸的杭州人吧？

这也是另一个故事了。

链接：古迹寻踪

【宝石山】

沧海桑田，相传为始皇帝系舟暂避风雨之处，早已水落石出，兀立为山体，就是今日的宝石山。宝石山位于西湖之北，与葛岭、栖霞岭、乌石峰等一起，构成西湖的北屏。

因为宝石山巨石成堆，古代民间又直观地叫作"巨石山"。"宝石山"的命名是五代吴越国初期的事情。

南宋《咸淳临安志》卷二十三云："巨石山……北有落星二石，吴越王钱氏号寿星宝石山。……罗隐《封石记》云：'或耸秀而层排巨石，或岩峣而朝挹众山。'"

宝石山山体属火成岩中的流纹岩和凝灰岩，富含氧化铁，呈赭红色，岩体中含有许多小如核桃、大如拳头的红色小石子。因此，每当朝阳或落日洒沐之时，光影映射，闪闪发亮，分外耀目，仿佛有数不清的宝石在山间熠熠生辉，宝石山因此而得名。

新西湖十景之一"宝石流霞"，即指此处。

位于宝石山东面的保俶塔，巍然挺秀，好似窈窕的美人伫立山巅，杭州民间素有"雷峰似老衲，保俶如美人"之誉，西湖上亦呈现出"一湖映双塔，南北相对峙"的美景。

保俶塔始建于五代吴越国时期，俗称宝石塔、宝所塔，原为九级。北宋咸平年间（998—1003）重修时改为七级，称保叔塔。后人杜撰了"造塔保佑钱俶平安"的故事，定名为保俶塔。现为1933年重建的八面七级实心砖塔，高45.3米，以其秀美的外形和所处的显要位置而成为引人瞩目的西湖胜景标志物。尤其是晨间，在云霞映衬之下，起伏如凤凰飞翔的宝石山和亭亭玉立的保俶塔组成一幅绝妙的图画，美不胜收。

宝石山上还有来凤亭、寿星石、巾子峰（狮子峰、蛤蟆峰）、秦皇缆船石等古迹名胜。其旁的葛岭，相传为葛洪炼丹著书之地，至今仍留有葛仙庵、炼丹台、炼丹古井、抱朴庐、初阳台等遗迹景观。

【秦皇缆船石与大石佛院】

从宝石山南面山脚北山街27号旁小路上山，或从保俶路宝石山下一弄上山，在坚匏别墅（原为文献学家刘锦藻所建之中式别墅，如今已成民居杂院）隔壁，能找到一块巨石。巨石前面一块开阔地上，有两块碑记，一块是"大石佛院造像"，另一块为"大佛寺"。

巨石上有绳索捆扎的痕迹，相传这就是本章中述及的秦始皇缆船避风之石。

缆船石大概是因为沾染了"龙气"，所以被世人格外看重，作了宗教化加工，于石上镌刻佛像。吴越国王在此兴建僧院，当时曾琢二石佛于此，故称二尊殿。北宋宣和初毁。明田汝成《西湖游览志》卷八载："大石佛，旧传为秦始皇缆船石。宋宣和中，僧思净者，当儿时见之，作念曰：'异日出家，当镌此石为佛。'及长，为僧妙行寺，遂镌石为半身佛像，饰以黄金，构殿覆之，遂名为大石佛院。"后世俗称大佛寺。

这座寺院历史上屡建屡毁，最后一次重建是清同治年间（1862—1874）的弥勒院，直到民国时期，还有半身石佛残迹、东壁的五尊摩崖造像、明代题刻及清代乾隆皇帝题诗等遗存。

如今这些都几乎湮没难觅，但这块大石的形态，仍能看出像一尊巨佛的头部，下方还连着肩膀和背部的残迹。

【钱塘江大桥】

钱塘江大桥位于西湖之南、六和塔附近的钱塘江江面上，由桥梁专家茅以升主持设计，是中国自行设计、建造的第一座铁路、公路两用桥，双层桁架梁结构。

因为它出现的时间最早，所以当后来钱塘江上又建起多座大桥之后，杭州人以建造时间次序为之命名，称它为"钱江一桥"。

钱塘江大桥始建于 1934 年 8 月 8 日，铁路桥和公路桥部分分别于 1937 年 9 月 26 日和 11 月 17 日建成通车，是年 12 月 23 日，为阻断侵华日军南下而由建桥者亲手炸毁，1948 年 5 月又成功修复。全长 1453 米，至今仍发挥着交通功能。

2006 年，钱塘江大桥被公布为第六批全国重点文物保护单位；2018 年，入选第一批中国工业遗产保护名录。

—— 第二章

西湖成人礼

1. 那个最不亏的谎言："塘"有了，"钱"还会远吗？

公元前 206 年，刘邦灭秦，建立汉朝。在行政区块
的划分上，汉承秦制，整体沿用了前朝的版图。所以杭
州的母体，依然在扮演着属于它的"钱唐县"。只是西
汉会稽郡分设东西部都尉，西部都尉治所在钱唐。杭州，
事实上成了制驭浙水下游渡口、沿海门户之要津，战略

〔北魏〕郦道元《水经注》载《钱唐记》（宋刻本）

地位开始凸显。

到了东汉，它不再被划在"会稽郡"，而归入了新设的"吴郡"。从中也不难发现，东部沿海作为帝国的一个重要板块，正在逐渐把体量做大——区区一个郡的建置，已经无从囊括与涵盖。

随之而来的，还有时序更替下自然风物的变迁，那个让始皇帝遭遇滔天巨浪的地方，逐渐泥沙淤积，在现今的吴山和宝石山山麓，分别形成了沙嘴，两沙嘴逐渐靠拢为沙洲，江水的一部分终端被包卷和阻绝在里面，于是，沙洲西侧形成了内湖。

你未曾猜错，这个内湖就是西湖。以后，它会名满天下。

而此时，襁褓中的它，还不是周边水系的主角。毕竟，它身边那条庞大的江，还在时不时地摧枯拉朽。

汉初吸取秦政过于严苛的教训，崇尚黄老之术，无为而治，休养生息，所以农田水利初具规模。

航运事业发展，码头逐渐增多，一目了然的商机和生计，都改写了人间万户的布局，百姓们越来越多地选择近水而居。

只不过，这样一来，他们就失去了内陆的庇护，往往要直接面对江上怒涛。

入海口潮汐频仍，江流改道不断，滩岸无法固定，一言不合，各处居民的生命财产安全就会遭受严重威胁。纵使是平时，咸潮入渗，泥沙淤塞河渠，内河水质遭破坏，土地盐渍化，也会对生活造成巨大影响。

总之，这条江成了钱唐县最大的隐患、瓶颈和门槛。

什么是瓶颈？什么是门槛？阻碍你往前再走一步、往高处再升一格的东西就是。

跨过去，则天地豁然为之开阔，气候、鱼米、交通网，你本就受尽天地精华之垂怜恩眷，有的是发展筹码可以期待。

跨不过去，那所有资源都会"识时务者为俊杰"，像当年的秦始皇一样，感叹一声"水波恶"，然后不得不知趣地避开。

治钱唐必先治水，治水必先筑海塘，以此可得：钱唐必须有海塘。

海塘建设耗资大、用人多、连绵千里，且当时技术条件有限，所能做的，不过是筑土堆积，随塌随修，怎么看，怎么都是吃力不讨好的笨功夫。

这世上有的是聪明人，可敢于做笨功夫的，或许更是历史的推动者。

所以，就有了这个充斥着勇气、信念、巧合、脑洞、异想天开、从无到有的筑塘传说。

传说的主角叫华信，在本书各个章节的中心人物里，他应该是相当不起眼的一个。他既不属于博学高才之士，也不出于诗礼簪缨之族。

他是郡议曹，不起眼的掌言职的郡守属吏，有点小权力和小责任，但实在不值得多说，可偏偏是太想要去修筑一道堤坝，这叫作"咸鱼也有梦"。

再平凡的骨骼，都流淌着江河湖海；再平凡的骨骼，都能够征服江河湖海。

当华信第一次把他的想法公之于众时，他收获的是一片死寂般的不信任。上司嗤之以鼻，下属阳奉阴违。

应者寥寥的原因：其一，在那个大山大水都被视作圣灵的、每一场灾殃都传递着天启和预言的、泛神论的时代里，人类穷极了想象力，也不敢相信以自己的肉体凡胎，存在着驯化自然的可能。其二，一拨拨前任官员不是没有动过筑堤安民的念头，但浅尝辄止、知难而退，雷声大雨点小的虚张声势之后，自上而下的拨款也好，自下而上的集资也好，往往都落了不知是谁的私囊，不知所终般无处查考。

客观的困难性，主观的劣根性，前者给后者打了最好的掩护和借口，后者拿前者当了最万能的变现理由。

一个提案被讲出，却没有人相信其兑现的可能性时，脑洞就真的只是脑洞——脑子里破了一个洞。

华信为这场恶性循环背了锅，他的脑洞就这样遭遇冷落。

他最后得到的答复是：你愿意干，那就去干，无非是在城中挖了土，运去江边堆叠，可是如今没钱、没人，这两样上边都拨不出来，你自己想办法。

没钱，那就要去筹；没人，那就要去动员。可没钱就意味着动员不到人，没人就意味着筹集不到钱。这是悖论，无解。

最后，绞尽脑汁也一无所获的华信沮丧地发现，眼下能商量的人，只有自己的妻子云娘，她是个极其聪明的女人。

云娘说："就看在还发不出钱的时候，有没有人肯帮你干活。"

华信苦笑："你讲的什么梦话。"

云娘说："你可以让他们相信，干完活就会有钱。所以你眼下要做的，无非是赢得百姓的信任。"

华信还是苦笑："百姓？我郡中百姓有多少！我一张嘴一根舌头，一个一个去劝，就算劝一个成一个，也要耗到不知猴年马月。"

云娘也笑："夫君啊，你糊涂得可爱，百姓不知有多少，可百姓里的领头人，往往就那么一两个。说动了那一两个，也就说动了无数个。"

要找到突破口，要掐住关键点，治水和治人原来是一样道理。

百姓里的领头人叫鲁直。这人性情耿直、敢发言、有见识，于是就在当地百姓中拥有了说一不二的威信，用现在的话，叫作"KOL"——关键意见领袖。

这日午间，华信邀请鲁直到家里吃饭，理由竟是"仰慕鲁直的为人"，也是牵强得可以。

鲁直还是来了，华信大小是个官吏，面子总要给的。

席间酒过数巡，华信露出一副兴致大发的样子，要把自家十三岁的儿子喊出来，背《论语》给鲁直听。

仆人面露难色，回禀说少爷方才已睡下，华信就直接恼了。

"大白天的不读书不习武不事劳作，却去偷懒睡觉，若不惩戒，长大还得了？取戒尺来，将这臭小子重责十下手心！"

鲁直听得直吐舌头，不就是喝多了要让孩子秀一秀，大不了就扫兴作罢，何必生这样的气。

可人家教育子女，他一个外人、一介布衣，实在不好劝解。

好在劝解的人适时出现了。

是云娘从后堂迎了出来，说儿子偶感风寒，正在发热，吃了药刚躺下。

华信轻叹一声。鲁直也松了一口气，心里还捎带着暗笑：知道自己错怪了儿子，这一腔子闲气，没地儿撒了吧？

"那好吧，大丈夫言出必行，说了打十下手心，就必须得打。"

鲁直目瞪口呆，他还没见过这么不通情理的父亲。

"大人，我看这……"他边开口边拿余光去扫云娘，瞟看人家的夫人相当不礼貌，可此时此刻，他只能指望做母亲的，心生不忍来维护那个可怜的孩子。

"我的意思是，此事原是我没问清楚，滥施家法，错全在我，所以该打的是我！"

听到华信的解释，鲁直觉得这个逻辑超出了他的理解，所以他一时没回过神来。

在他没回过神来的时候，华信已经从仆人手里接过沉甸甸的枣木戒尺，往自己的左手心里，狠狠地敲击了十下。

用红肿的左手握着杯盏与鲁直再一次碰杯的时候，华信还是笑着的，可他牵动的嘴角和盏中微微抖动的酒水，都在确证方才这十记打不是演戏。

鲁直喝完这杯酒，才为这次匪夷所思的做客经历提炼出属于他的总结：华信是个言必信，行必果的人。

这份言必信，行必果，已经到了不近人情的程度。

唯其不近人情，才愈发让人笃信。

鲁直把逻辑理顺了，华信的目的达到了。

三天后，华信的告示悬挂在县中：征集民夫杂役，掘土运往江边，每个参与者可领一千钱。

这个匪夷所思的许诺，总让人想起商鞅变法前立木南门的往事，"信"永远是这类故事最核心的要旨。

往江边运土的理由，可能有一万种，要造房子，要修城防，要建兵营。

"咱也不知道,咱也不敢问"，这跟咱老百姓没啥关系。反正，一挑土，换一千钱，这是摆在眼前的机会。

没有谁跟这样的机会过不去。

与其立一面没谁相信的虚妄旌旗召唤四方乡党望风而聚，还不如不扯那些虚的鸿篇大论，只在最确切的利益许诺里，让人去做看起来最正常、最可理解与把握的事情。

何况他们最信任的"草根意见领袖"鲁直已经告诉了他们：华信老爷，信得过。

十来天之后，络绎不绝的一簇簇人流，来往不息的一趟趟折返，干劲如火的乡邻，已经在江边聚起了声势浩大、堆积如山的土担子。

工程就这样轻而易举地做完了。接下来，就是等着兑现那一千钱的回报。

华信来到了江边，万众欢腾，发工钱的时刻总是让人兴奋。

然而细心人很快发现，华信面有难色，吞吞吐吐，手里捧着的也不是铜币，而是一大把竹签。

事情好像有哪里不对。

"父老高邻，银款尚未下拨，工钱今日还不能结，我华信愧对乡党。但请诸位放心，该支付的酬劳，我华信即便砸锅卖铁，也终不能少了一分一毫。今日每个参与者，都先来我处拿走一枚竹签，日后，待我筹得钱来，诸位凭着这枚刻有我华信印的竹签，尽可前来兑换。"

原来领到的只是一枚竹签，原来这就是所谓的"凭证"，原来现在官府没钱，华信老爷没钱，但日后会有钱的，等到有钱的那天，你拿着它来换回属于你的一千钱。

原来这是预支，是最早的按揭借贷，是赌上了自己的信用体系。

不得不说，这位"脑洞大师"真是思维超前。

老百姓却不明白这一点，他们只知道你忽然变卦——不给钱了。

喃喃的咒骂和低语四下响起。华信有点恐慌，手下甚至低声请示：要不要调些兵卒差役来多少维持下秩序。华信摇头：即便他们把我丢到江里，也是我咎由自取。

不过，没有人站出来闹事。

天下承平，这一个小失望还不是揭竿而起的理由。

大家只是没好气地把肩上最后一副担子倾翻，让泥土像怨气般一泻而出，落在地上，堆叠、厚积。

这仿佛是江堤落成的最后加冕典礼。

有人开始迁怒于鲁直。

鲁直没说话，只有他注意到了华信的左手一直藏在袍袖深处、背在身后，只有他知道那上面还没褪去的伤痕来自何处，暗示了什么。

大家带着敢怒不敢言的愠色，悻悻而去。

但一座初具规模的海塘，已经被留在了那里。

华信再叫上自己衙门里的仆从稍加整饬，一切如期竣工。

乡人们并没有吃亏。

他们很快就会发现，在下一个秋天，那个梦到都会吓醒的潮水，并没有又一次不请自来地吞噬自己的房屋、田产和家园。

江涛拍打着海塘，发出不甘的怒号，就像他们那天没有领到钱时，积郁在胸腔里的愤怼一样。

他们战胜了这条江，不用在每一个汛期匆忙迁居、流离失所、失儿丢女。

曾经对一千钱的计较，换来了一个敞亮而安然的时刻。他们发现，这是一场高性价比的投资与胜利，是城市与居民共赢的凯歌。

生命财产无忧了，城市秩序井然了，生产有保障了，贸易变得顺畅了，区区一千钱，很快就在这海塘围起的安全乐土里轻轻松松地赚回来了。

没有人再去想着那份工钱，如果当初干活前就能预见到今天，甚至没有人会索要工钱。

但在另一个结尾里，华信做得更加漂亮。

这个传说里发挥作用的，依然是那位贤内助云娘。

她告诉夫君：三天之后午时，通知所有领了竹签、参与了挑土筑堤的人，来府前兑取工钱。

隔天一早，云娘带上丫鬟，去街上的点心店里，订购了四十只大寿桃，还故意透露说，后天是华信老爷的生日。

老板这边接了订单，一转身就通知了城中各路经商的朋友们。生意人总想着巴结官吏，得此良机，自然相约着要给大老爷送礼祝寿。

三天后，将信将疑的百姓们早早来到县衙聚齐。不一会儿，送礼的人也陆续来了。

华信安排家丁在前院一一登记造册送来的钱财礼金。到了晌午时分，华信看数目已经差不多了，就叫人把等候多时的百姓们请到了前院，高声说："乡亲们，我们钱唐的士绅们知道大家为抗御潮患，挑土筑堤，认为这是为地方上做了一件大好事，所以纷纷送来钱财作为筑堤的费用，现在大家来领取工钱吧！"

前来送礼的人虽然心里犯嘀咕，但被安上了这样一顶急公好义的高帽子，自然不好再说什么了。

就这样，所有参加挑土的百姓都高高兴兴地领到了工钱。

华信就像他的名字一样，又一次完成了取"信"于民。

传说未必靠谱，毕竟仔细去推敲，它有太明显的漏洞瑕疵。

既然乡绅们如此不缺钱又如此乐于讨好华信，何不一开始就向他们摊派集资？

但传说反映的是人心，在人心的公议里，愿意编制这样一个故事，去记录以华信为代表的、古代杭州地方精英和劳动人民的智慧与信义。

华信筑海塘之事正史无载，有关记载均来自南朝刘宋钱唐县令刘道真（一说刘真道）写的《钱唐记》。《钱唐记》的记载为历代史家所引用。刘道真和华信相距几百年，刘道真关于华信的信息当来自钱唐县治下的海塘所在处居民的历代口口相传。

最早引述刘道真《钱唐记》关于"华信海塘"内容的是南北朝时的两部著作：

《世说新语·雅量》刘孝标注："《钱唐县记》曰：县近海，为潮漂没。县诸豪姓敛钱雇人，辇土为塘，因以为名也。"

《水经注》卷四十载："《钱唐记》曰：防海大塘在县东一里许，郡议曹华信家议立此塘，以防海水。始开募，有能致一斛土者，即与钱一千。旬月之间，来者云集。塘未成而不复取，于是载土石者皆弃而去，塘以之成，故改名钱塘焉。"

庾太尉風儀偉長不輕舉止時人皆以爲假

大兒數歲雅重之質便自如此人知是天性溫太眞

嘗隱幔恒之此見神色恬然乃徐跪曰君侯何以爲

此論者謂不減亮蘇峻時遇害 庾氏譜曰會字會宗 太尉亮長子年十九

年遇害 或云見阿恭知元規非假 阿恭會小字也

褚公於章安令遷太尉記室參軍 庾亮啓爲參佐 裴時直爲參軍不

掌記室也 名字已顯而位微人未多識公東出乘估客船

送故吏數人投錢唐亭住 錢唐縣記曰縣近海爲潮 漂沒縣諸豪姓歙錢崔人

輦土爲塘因 以爲名也 爾時吳興沈爲縣令 未詳 當送客過浙江

客出亭吏驅公移牛屋下潮水至沈令起彷徨問牛

〔南朝宋〕刘义庆《世说新语·雅量》载华信筑塘之事（尊经阁影印南宋绍兴八年刻本）

从以上两条内容看，面对自然灾害的"筑海塘"本来就是民间的自救自保行动，筑塘过程中没有官方参与。自保行动最后结果是"塘以之成"，保住了土地，保住了家园。这就是"华信海塘"的最初真相。当然，两条文献以华信欲花钱筑塘作为"钱塘"之名的由来，实属荒诞不经。

后世初唐和北宋史家对《钱唐记》的引用，则随着年代变迁有两处增加：

初唐贞观六年（632）之后，钱唐县治"自州治南移于今所"[①]。中唐的《元和郡县志》卷第二十五载："《钱塘记》云：昔州境逼近海，县理灵隐山下，今余址犹存。郡议曹华信乃立塘以防海水，募有能致土石者即与钱。及塘成，县境蒙利，乃迁理此地，于是改为钱塘。"也就是说，贞观六年之后钱唐县治移往"此地"，即"华信海塘"所在处。

北宋《太平御览》对"华信海塘"的描述在"迁理此地"基础上进一步增加了"百姓怀德，立碑塘所"颂语，立碑当是事实。

"塘以之成""迁理此地""立碑塘所"三处指同一地点——"塘"，"塘"的位置因成为县治而得到确定。一般认为，自宝石山麓起，环围今钱塘门遗址内教场路至都锦生厂区周边，即"华信海塘"的大致位置。

在其后的八百余年间，对"华信海塘"的认识基本没有变化。

到了清道光年间（1821—1850），举人陈文述在《西泠怀古集》中发挥了对"华信海塘"的想象："杭州本

①〔后晋〕刘昫等：《旧唐书》卷四十《地理三》，中华书局，1975年。钱塘门内教场地，今教场路一带，有学者认为即华信筑塘所保全下来的土地。

江水沮洳之地，信之所筑即今钱塘门至清波门一带。"

他想象中的"华信筑海塘"的目的不是保土地，护家园，而是保一片水，护一个美丽的湖。陈文述的想象符合当时人们的认知水平，"华信海塘"的神话从此开始了。

陈文述的这个观点影响深远，后来的"华信海塘"沿"中河路一线"、沿"中山路一线"、沿"浣纱河一线"等观点，都是从"钱塘门至清波门"演化而来的。

众说纷纭，但"公约数"就是这条海塘。

当这座城市的车辙继续往前延伸，你终将发现，海塘始终是它的铠甲和勋章。它的一部建城史和一部发展史，从来都与海塘的修筑史相伴而成。

后梁开平四年（910）八月，吴越王钱镠主持修筑捍海塘，面对钱塘江极强的潮水冲击力所带来的施工难度，他总结历代土筑法修堤持久度不高的经验教训，以竹笼填塞石头沉入海中，堆砌成大石塘，塘外再打下木桩，从而形成了一个立体加固的格局。至此，杭州"城基始定"。吴越捍海塘经过八百余年的冲刷，到雍正年间（1723—1735），还有一部分屹立在海岸上，足见其工程质量过硬。现今民间故事里流传极广的"钱王射潮"传说，正是这次造塘奇迹一个浪漫化、神异化的叙述喻体。

清代诸多水利工程中，又以防御钱塘江大潮侵袭的浙西海塘最为重要、最为著名。从康熙朝起，修筑海塘已开始受到国家的重视。乾隆帝多次强调"海塘为越中第一保障"，他在南巡中频繁亲临海宁（时属杭州府）阅视塘工，实地指授筑塘方略。在资金筹备上，则以捐监剩余银两作为岁修基本金，并动用正项钱粮，与前朝派征民夫的方式相区别。可以说，以此为标志，政府开始将海塘修筑纳入日常工作议程，几乎所有的督抚都参与到修筑方法的讨论中，形成了一个又一个修筑方案。经过一个多世纪的努力，海宁一线原有的土塘、柴塘一律被改建成坚固整齐的鱼鳞大石塘，以往凭借民间力量兴修水利的"水利社会"格局被改变——为了筹款焦头烂额的华信，大概也会为此而欣慰感怀吧。

从最初的土塘，到唐五代改用石料，到明清两代的"五纵五横鱼鳞大石塘"，历史就像江海一样，被这一次次的伟大工程劈开成两个质地截然相异的部分。

钱唐自从有了海塘，也就终于成了"钱塘"。

"塘"来了，"钱"也就不远了。

海塘，能孕育大江大河的秩序井然，同样能孕育湖山隽秀的巧笑倩兮。

华信是海塘史的开篇者，海塘是钱塘史的见证者和守护者。

一个飞速发展的地区，在被驯服的大江两岸正式启幕了。

2. 年少万兜鍪：富春江畔的孙氏家族

公元 229 年的春天已经过去，孙权依然没能踏进合肥。

守江必先守淮，兵家皆知之至理。任何偏安东南的政权，都需要这样一种战略纵深、这样一处战略支点。

可那座城池成了他一生的噩梦，甚至是笑柄。

公元 208 年，孙权携赤壁之战余威，围攻合肥百余日，曹操忙于稳定后方，根本无暇救援，兼之周瑜、关羽在南郡作战形成的牵制，甚至老天都善解人意地提供了配合——连降暴雨让城墙崩圮严重，眼见就要一鼓而定，他却听信了城中放出的假消息，以为魏军的四万强援正在路上，不日将至，便放了一把大火，匆匆离去。

公元 215 年，孙权兴兵十万再来，被统御区区七千人的曹魏守将张辽，活生生打出了军事生涯最辉煌的篇章——威震逍遥津，八百敢死队，悍勇到匪夷所思的程度。东吴大军在包围十几天后，潦草地灰头土脸地撤退。

从此，他在后世三国迷们的案头谈话间，有了一个尴尬的雅号——孙十万。

但孙权终于在公元 229 年这个初夏踏进了，或者说终于决定去踏进他人生中最重要的一场仪典。

他要登基、加冕，他要当皇帝。

天公作美，武昌①日色明媚，街市整洁如洗。

祭拜宗庙，宣读诏书，接过玉玺印绶，戴上冕旒冠，百官山呼舞蹈，行礼如仪。

以前，大家都知道他是孙坚（字文台）的儿子，"小霸王"孙策的弟弟；以后，他就是吴大帝，他终于从一方诸侯变成了天子、陛下、圣上。

①三国吴黄龙元年（229），孙权于武昌（今湖北鄂州）称帝，旋即迁都建业（今江苏南京）。

此时，他还不知道，他会成为中国历史上唯一的以"大皇帝"为谥号的帝王，会成为三国时期在位最久的帝王。

这一刻，他陷在复杂的情绪里，有点得意，还有点恍惚。

这一刻，他想起了整个家族，想起了那些先祖的名姓与荣光，以及世事无常中漫长的迁徙。

先祖叫孙武，是名满天下的开创了中国军事哲学的"兵圣"，带着那彪炳千秋的十三篇兵法，远离内乱不断的中原，南奔吴国，受到吴王阖闾的重用，破楚入郢，建立盖世奇功。

孙武的二子孙明，因父之德，荫封富春侯，食采于富春，距今算来，已有两千四五百年的历史。

富春从春秋时就处于吴越两国的交界之地，吴国强则属吴，越国胜即归越，到秦并六国推行郡县制时，始设富春县，治所就在如今杭州市富阳区，始归属于会稽郡，到东汉顺帝永建四年（129），则改属吴郡。

应该说，秦汉时期的富春，是个广义上的大富春，县境范围，大概包括现今的富阳以及桐庐、建德全境，地域广阔，流经境内的富春江也由此得名。如今，这些地方都已成为杭州所辖区县（市）。

所以，孙氏家族是最早迁居杭州地区的华夏大族之一。

所以，孙权是出自杭州的第一位皇帝。

吴主孙权（引自《历代帝王图》，美国波士顿美术馆藏）

这一刻，他想起了家乡，那条静谧的江和那些朴拙的村落。

江浙自古富足安逸，能藏天下之富，故而直至现在，各色名目、保存完好的古镇依然星罗棋布。雕花床榻、深宅大院，时间凝固在这一处处曲折的小巷与蜿蜒的河道旁，这里成了中外游人放空心绪的佳选，也成了"慢生活""心灵氧吧""小清新美学"等全新时尚语态的最佳代言。

而此中，却有一处独特的所在，静默自处，没多少粉墙黛瓦旁小桥流水的旖旎，也没多少酒吧客栈里风情艳遇的传说，只留下清静、拙朴、厚重、温良，以及仍在按着自己节奏生活的居民们，就连最富有标志意义的鹅卵石古街，都透出更久远的古雅谦和。

这便是杭州富阳区的龙门古镇，也就是这位吴大帝孙权的故里，更是富春孙氏后裔现今的聚居地。

他和家乡的关系似乎并不紧密，他没有像刘备那样，在楼桑村的大树底，留下一句"吾必当乘此羽葆盖车"[1]的佳话。

但他终究为家乡重新定义了位次和价值：在此前华夏版图每一次合久必分的重整里，他的家乡及周边地区，很少能真正地宣示在场感，夫差的骄奢淫逸、勾践的忍辱负重，在不少人眼里，也不过是一隅局部政权自娱自乐的拉锯，到头来成全的故事重心，反倒是西施和范蠡归隐山林的浪漫想象。

直到这来自富春的孙氏家族登上历史舞台，天下三分，江南才第一次有了底气，作为鼎之一足，去与整个中原分庭抗礼。

①羽葆，指帝王仪仗中以鸟羽连缀为饰的华盖。羽葆盖车，即天子的坐车。

富春、钱唐、吴郡，这是上天赐予他的龙兴之所，是他天然的根据地，他有责任、有义务保存它的完好，催化它的富庶。

仿佛，为这片土地正名，成了他一生的任务。

没错，天下三分，鼎足之势。

所以这一刻，他当然会想起两位老对手，想起自己这么多年来，在他们的拉锯夹缝中"长袖善舞"的博弈。

二十一年前，他在赤壁燃起改变宇内格局的冲天大火。

十四年前，他签订湘水之盟，与刘备平分荆州。

十年前，他背刺盟友，派人擒杀关羽，让孙刘联盟一夜破灭。

八年前，他放下身段，投降了刚称帝的曹丕，被后者大方地封为吴王。

七年前，他力排众议起用陆逊，在夷陵又一次使用火攻，摧毁蜀军主力。

一年前，他在石亭赚得魏国大司马曹休中伏，斩擒魏军一万人，从那以后直至他去世，魏国都再未能对吴国采取大规模军事行动。

他们应该都很恨他吧，可他们应该也都不会小觑他吧。

曹操说，生子当如孙仲谋。阿瞒老贼这话怎么总像是占了我的便宜。也罢，占了就占了，反正他原本就跟我父亲是一辈人。

这一刻，他也得想起他的父亲——勇武的父亲，还有哥哥——同样勇武的哥哥。

他们都那么伟岸，那么至大至刚，他好像从小就生活在他俩高峙的脊梁之后，那两具不可一世的身躯，既是庇护，也是阴影——哪怕硬着头皮，他也要接受众人对孙家第三位继承人的评点和审视。因为前两代，都过于璀璨。

这样璀璨的人，怎么都会死于非命呢？

公元 200 年，孙策遇刺身亡，孙权继承江东基业。庐江太守李术在孙策手下时服服帖帖，对孙权全无半分敬畏，欲归附曹操。这时的曹操忙着与袁绍交战，无暇兼顾。孙权杀李术，屠皖城，扬刀立威。

公元 203—208 年，孙权搬空江淮，集中全部力量以报父兄之仇，三征江夏，得名将甘宁，杀黄祖，告慰孙坚在天之灵。

我们对上述事件最熟悉的描述措辞，叫"坐领江东"，举重若轻的写意，仿佛他真的是命运的天选之子。

大概只有他自己清楚那是怎样的一个局面，内有山越叛乱，外有强敌环伺，那感觉，更像是弱冠男孩还没习惯血雨腥风的全部意义，就被推上了一出你死我活的棋局。

在那之前，人们几乎忘了，他也是很出色的少年。

公元 208 年夏，曹操轻取荆州、大破刘备军队并给孙权写信说："今治水军八十万众，方与将军会猎于吴。"孙权却下定决心，联刘抗曹，取得辉煌胜利。

公元 210 年，周瑜病逝，他生前提出的西进伐蜀、二分天下的狂想曲未得奏响。同年，孙权挥师南下（注意：是南下，在很多人印象里，东吴已经位于当时中国的最南部），把当时海内最荒凉的一块土壤——交州①纳入版图，这大概是他执政期间，最显著的一次"开疆拓土"。

孙氏家族告别了孙坚、孙策的激进时光，开始推行守土为安的防御优先国策。

而随着公元 217 年鲁肃病亡，孙吴朝中最后一个具有天下意识的谋士也消失了，剩下的只有"拿回属于我们的地盘"思想。

不管怎样，他终于把帝国的南方整理停当，把自己广义上的家乡整理停当。这是父亲和兄长都没能完成的事情。

他大概注定是这样与争议为伴的存在。

有人说，他是个不思进取的短视主义者，在"以保江东"的遗命里抱残守缺。

有人说，他是个背信弃义者，毁弃湘水之盟、偷袭荆州背刺关羽，浪费了孙刘联盟两路并进、共抗曹魏的大好形势。

①东汉改交趾刺史部为交州，治广信（今广西梧州市），不久移治番禺（今广东广州市），辖今广东、广西的大部和越南横山一班杜一线以北诸省。三国吴分交州为交、广二州。

有人说，他晚年昏聩，废长立幼，贬斥功臣，留下烂摊子一堆。

西晋史学家陈寿在《三国志》中将曹操和刘备的去世冠之以天子专用的"崩""殂（崩殂）"，对孙权的死亡，则仅仅称之为诸侯使用的"薨"。

他碧眼紫髯，甚至被推测有胡人血统。

他连一座合肥城都久攻不下，却在三国三大战役[①]中，作为赢家，独占其二。

孙策临死前的遗言里评价他：冲锋陷阵，争霸天下，卿不如我；举贤任能，守护江东，我不如卿。[②]于是，所有人的印象里，他都是个偏于文治、不善武功的官二代。

可他在野史里，竟然射杀过猛虎。中国传说里讲到打老虎，民间默认想起的是武松，文人们默认的，也就是孙权了。苏东坡"聊发少年狂"，在密州出猎，还要作一番"亲射虎、看孙郎"[③]的穿越时空的畅想，要知道即使是飞将军李广，引弓射虎也只是一段"没在石棱中"[④]的美丽误会。

当然，这个气壮山河的故事，换一种角度理解，大概也能推出他荒于政事、喜好游猎的放旷。

他的确不怎么在意中原礼法的条条框框，娶了自己的表侄女徐夫人，还亲自做媒，把外孙女朱氏嫁给了儿子孙休，孙家这辈分序列被他一通乱点鸳鸯谱，真是颠三倒四得可以。

他就这样，在颠沛流离的无所着落里骄傲着。

①三国三大战役，即官渡之战、赤壁之战、夷陵之战。
②《三国志·吴书·孙策传》："举江东之众，决机于两陈之间，与天下争衡，卿不如我；举贤任能，各尽其心，以保江东，我不如卿。"
③语出苏轼《江城子·密州出猎》。
④语出卢纶《和张仆射塞下曲》。

他忍辱负重、玩弄权术，外抗强敌、内驭权臣，熬死了所有对手，独掌东南五十二年。

他封兄长仅以王爵，立太子又宠鲁王，苛待功臣、猜忌下属，在魏蜀夹缝里来回摇摆，首鼠两端。

我们常常忽略了他是一个守成之主，他的横向比较对象，不是刘备、曹操那样白手起家的创业者，而是袁谭袁尚、刘琦刘琮，还有阿斗刘禅。和那些一无所能的富二代、官二代相比，孙权简直是光辉璀璨。

别忘了很多很多年以后，当又一个偏安政权在江左苟存，那个报国无路的诗人辛弃疾，在长江边老泪纵横地写下"千古江山，英雄无觅，孙仲谋处"①——他终其一生的等待，最高理想也无非是希望朝堂上坐着一个孙仲谋而已。

我们无法想象乱世意味着什么，我们无法想象生在"白骨露于野，千里无鸡鸣"②的十室九空的时代意味着什么，我们只知道，在乱世中，能够活下来，能够带着整个家族活下来，能够带着整个家族所治理的区域的百姓活下来，是何其不易的伟业。

这个从杭州市郊富阳古镇里走出来的孙家次子，做到了。

他待张昭以师傅之礼，聘周瑜、程普、吕范为将帅，鲁肃、诸葛瑾为宾客，招延俊秀，聘求贤良；对内镇抚山越，先治吴理国，发展生产；对外采取连横之策，拓展海上交通。正是一系列的措施，使一片原本岌岌可危的江山变得井井有条，充分显示其治国安家的帝王之才，为而后与蜀魏鼎足而三打下了稳定的基础。

①语出辛弃疾《永遇乐·京口北固亭怀古》。
②语出曹操《蒿里行》。

我从山中来 HANG ZHOU

公元 230 年，为增长人口，他派卫温、诸葛直率上万将士漂洋过海，到达夷洲，建立了大陆和台湾的第一次联系。加上他与辽东公孙渊政权的跨海互通，某种程度上，我们甚至可以说，孙吴尝试了中国历史上第一次"新航路的开辟"。

公元 245 年，他派校尉陈勋率领三万多名屯田士兵开凿运河，一反"重农抑商"这一封建王朝最基本的经济指导思想，在商业上取得了很了不起的成就：除了与蜀魏两国做贸易，甚至还派出商贸代表团远赴西域、古印度、古罗马等。

北方战乱，江淮、荆楚、汉中都成了拉锯之地，无辜军民纷纷南迁躲避。这意味着丰富的劳动力、先进的生产技术等随之而来，江东六郡八十一州，静静地坐收这些自愿注入的源头活水。

别忘了，孙家自己也是客人，是外来者，所以才有复客制①，才有私兵制，才有对江南世家大族们的不断迁就和妥协。拉一派打一派用过，特务用过，联姻用过，晚年翻脸大开杀戒也用过。

曹叡刚继位时，孙权对诸葛瑾说过这样一番话："丕之于操，万不及也。今叡之不如丕，犹丕不如操也。"

看着邻居家不成器的儿子当笑话，一代不如一代的预言不虚，只不过也同样发生在他自己身上，而且程度更加触目惊心。

① 复客制，即三国时吴国实行的允许官僚大族所占的田客免除赋役的一种制度。

太子孙登先于孙权去世，白发人送黑发人的痛楚让晚年昏聩的孙权愈发昏招迭出，新立太子孙和与鲁王孙霸开始二宫之争，一大片朝廷重臣在这场腥风血雨的内斗中倒下，结果却是谁都没能成为赢家，孙和被废，孙霸被杀，老来子孙亮渔翁得利。什么主少国疑，此时压根儿没人再去深思熟虑。

孙权就在热衷与臣下赌气的晚年里走向生命的终点。

他留下的是一个全然不同的故土：

东吴屯田制度的实行，从设置海昌屯田都尉起始，而海昌恰好位于今日杭州与嘉兴交界区。这一带的屯田，显然推动了整个杭嘉湖平原的陆域化，也加快了杭州的成陆速度。

随后，在杭州市域的平原丘陵地区，牛耕进一步得到普及，孙权自己也说："今孤父子亲自受田，车中八牛以为四耦。"（《三国志·吴书·孙权传》）江南牛耕从汉代的少见到南朝的普及，其间的转折期就是东吴。

在行政建置上，钱塘江流域在东吴统治下先后增设不少县，其中桐庐、建德、新昌、盐官等几处地名沿用至今。

在今属杭州的范围内，设有"钱唐侯"封地，名将全琮、孙权之孙孙德先后获此封号，来杭居住，后又以之为吴郡都尉治所，深受信任的老将程普曾镇守于此。杭州地区在接下来的两晋南北朝时期获得较快发展，与这种行政建置的完善和政治地理的开拓密不可分。

就连孙权的得力下属们，也纷纷把杭州富阳作为最终的归宿：陆逊死后归葬今环山乡陆墓村，程普死后归葬今新桐乡程坟村。

孙权去世后，十岁的太子孙亮继位，太傅诸葛恪独掌大权。

偏偏诸葛恪还是个鹰派。穷兵黩武的北伐不仅建功无多，还迅速掏空了国力，反而加大了内在的矛盾与危机。

君不疑臣、臣不负君的千古佳话属于隔壁蜀汉，千古佳话的意义就在于，它从来不可复制挪移。果然，一年后，孙亮就上演了一出近似后世"擒鳌拜"的戏码，扳倒了这位相父。

只是孙亮终归不是小康熙，他要借助的，是其他力量，是用扶植新的权臣来铲除旧的权臣，驱虎吞狼，殊不知虎比狼还要恐怖嗜血。

这个人叫孙峻，宗室，《三国志·吴书·孙峻传》记载："峻素无重名，骄矜险害，多所刑杀，百姓嚣然。"他在掌握了吴国的军政大权后，开始大肆残害宗亲，杀掉了废太子孙和、孙权之女孙鲁育、宣太子孙登之子孙英。

三年后，权臣孙峻在北伐的过程中去世，孙亮本以为可以亲政，万没想到孙峻在临死前将手中的权力交给了堂弟孙綝。而孙綝远比孙峻更加凶狠残暴，难以对付。

公元 258 年，孙綝废孙亮为会稽王后，又改立孙权第六子、琅琊王孙休为帝。此时的孙綝已经专权到了可以任意废立君王的地步，吴国上下尽在孙綝的股掌之中。

是年底（259 年 1 月），孙休与张布设计捕杀孙綝。

孙休三十岁薨，重臣们转眼就迎立了废太子孙和的长子孙皓继位。

至此，吴国宗室掌权的局面得以结束，但是皇权旁落的局面并没有得到改变。孙氏家族的成才率太高，以至于人人都有想法，人人都觉得自己有资格觊觎一些什么。

末代国君孙皓在家族永无休止的权斗中战战兢兢地长大，童年即经历多次流放，外加目睹父亲惨死，此时早已变成了一个暴戾乖张、猜忌成瘾、患有被迫害妄想症的精神变态。

据《咸淳临安志》载，在长生老人桥（旧址在今上城区长生路一带）西，有一座霍使君庙，供奉的是汉代大将军霍光。相传当年吴王孙皓有疾病，梦见有神降于庭上，自称为霍光，请求立祠于金山之咸塘，以捍钱塘江水患。孙皓醒后，立马造祠，病也就痊愈了。后来，宋理宗赐庙名为"显忠庙"。这虽是具有民间传说色彩的地方志记录，但也可见孙皓与杭州还是有点渊源的。

为了活下去，我必须做暴君——这个匪夷所思的逻辑，来自东吴匪夷所思的政治生态，来自一个人在命运过于残忍的玩笑面前给出的一份极端的答卷。

可是，内忧外患中的东吴无法接受这样任性的试错成本，恐怖开始在江南蔓延。这是孙氏家族的绝响。

晋军兵临城下，大势已去时："（孙）皓又遗群臣书曰：'孤以不德，忝继先轨。处位历年，政教凶悖，遂令百姓久困涂炭，至使一朝归命有道，社稷倾覆，宗庙无主，惭愧山积，没有余罪。自惟空薄，过偷尊号，才琐质秽，任重王公，故周易有折鼎之戒，诗人有彼其之讥。自居宫室，仍抱笃疾，计有不足，思虑失中，多所荒替。边侧小人，因生酷虐，虐毒横流，忠顺被害。暗昧不觉，寻其壅蔽，孤负诸君，事已难图，覆水不可收也。今大晋平治四海，劳心务于擢贤，诚是英俊展节之秋也。管仲极仇，桓公用之，良、平去楚，入为汉臣，舍乱就理，非不忠也。莫以移朝改朔，用损厥志。嘉勖休尚，爱敬动静。夫复何言，投笔而已！'"（《三国志·吴书·孙皓传》裴之松注）

风云激荡的三国时代结束了，属于孙氏家族的荣光时刻结束了。最后一幕落幅镜头，竟然是一篇检讨书和一个自缚求生的可怜虫。

滚滚长江，西风残照，淘尽英豪。不知此时的孙氏子孙，是否像登基那天的孙权一样，想起了富春江畔的村庄，想起了满布晨雾和晚舟的南方。

每一代人都要在时代的洪流中迎风行走，和这个孕育了他们的地方一起接受命运之洗礼。

大家不过是钟面上具有独立光泽的秒针，把历史的局部推快了几寸几厘。

富春江畔的孙氏家族，孙权和他的父兄子孙们概莫能外。

3.进击的风水师：这里也可以当首都？！

据说，孙皓在投降后谒见晋武帝司马炎时，后者指着一个座位对前者说："朕设此座以待卿久矣。"孙皓听了，竟然还这么回了一句："臣于南方，亦设此座以待陛下。"

司马炎没想到的是，孙皓这句话竟然一语成谶。

我
从
山
中
来

HANG ZHOU

富春江

孙氏家族遭遇过的一切，司马家族会原封不动地经历一遍。

八王之乱、异族入侵、衣冠南渡，司马家也将在建业（282 年改称建邺，今江苏南京）——这个属于孙氏家族的龙兴之地，避居一脉。

战乱在北方一直没有停止，帝国的财富和人脉正在悄无声息地眷顾江浙。东晋，然后是宋齐梁陈，政权更迭，在一个孱弱多病的动荡时代，杭州却等到了越来越多属于它的机会，属于它的出镜率和存在感。

在历史课本上，这一段被称作"经济重心开始逐渐南移"。

今杭州市域在南北朝时曾属扬州（此扬州并非今日的江苏扬州），由吴郡、吴兴郡、新安郡、会稽郡等构成。梁武帝太清三年（549），升钱唐县为临江郡。陈后主祯明元年（587），又置钱唐郡，辖钱唐、於潜、富阳、新城四县，属吴州。区块的进一步细化且趋于稳定，奠定了后世的基本行政建置，管理和资源调配都得到全面深耕，其中富春、钱唐还成为郡治。

在此期间，杭州所在区域，既是向北支撑吴中王畿的腹地，又是向南控制闽赣地区的要冲，作为联结杭嘉湖平原和宁绍平原、沟通浙西和浙东的枢纽，实已成为牵动南朝政权整个战略后方的关键区域。来自北方的移民们在距离都城建康不远、往来又相对方便的余杭、建德、始新、遂安等地陆续安居，西湖群山、半山、临平山等水陆交通线上，也不断形成新的聚落和村镇。大规模屯田仍在延续，东、西苕溪与太湖构成的水循环系统开始发挥重要作用，除了粮食种植规模不断扩展外，许多如今已成江南符号的作物，开始在杭州地区出现并迅速形成气候：桑树的种植普遍化，许多农户开始"田蚕并收"；对野生茶叶的采摘也已出现；纺织、矿冶、制瓷、造船、煮盐等手工艺的传入，则激活了多种经济形态。

南北杂处、百业兴盛，这都是繁荣之征象，释放出前所未有的活力与可能性。不过，从另一个角度看，它也意味着社会构成的复杂化，意味着阶级矛盾可能出现的尖锐化。

所以这个阶段的杭州附近还呈现出一个前所未有的特征：爆发于本地的起义忽然开始明显增多。

刘宋景平元年（423），孙法光在富阳率众起义，自称"冠军大将军"，占据富阳、永兴两县，并出兵攻打钱唐，后失利被镇压。

元嘉年间（424—453），民间有谣传"钱唐当出天子"，宋文帝风闻后，立即派人于钱唐戍军。

昇明元年（477），武康县沈攸之谋反，朝廷加吴兴太守武康人沈文季为冠军将军，督吴兴、钱唐军事。

不过相对而言，除萧梁时的侯景之乱爆发时钱唐被攻陷、遭遇波及之外，绝大多数时间，这些兵燹不过是小打小闹的局部冲突，杭州地区内的经济社会发展都比较平稳。

唯独南齐的一次意外，给了杭州一种全新的想象空间。

唐寓之，富阳人，后又迁居桐庐，反正搬来搬去，都没离开今杭州的范围。

其家世代以图墓为业，其祖及父皆为风水师，说白了，就是给人相看墓地风水的。

遍访杭州古迹，虽没什么显赫喧腾、巍峨耸峙的皇陵，可西湖周遭山麓，名人墓葬俯拾皆是。大概湖山秀色本就是许多人心里入土为安的最佳选择，一派旖旎如画的光景就是最直观的"风水"。

尤其是六朝墓葬，后世出土的极多：1960年，老和山发现东晋墓；1987年，余杭县闲林镇（今余杭区闲林街道）庙山发现南朝墓；2007年，余杭区余杭镇（今余杭街道）义桥工业城发现六朝墓葬13座；2011年6月至2012年1月，余杭区小林镇陈家木桥村（今临平街道陈家木桥社区）小横山更是发现东晋南朝墓121座。其中大部分是大中型墓葬，使用精美的纹饰砖、浮雕壁画和线形装饰图案。[1]

这里面，想来有不少在选址上得到过唐寓之家族的"权威"建议。

这唐家人从事的虽非高端职业，但唐寓之自幼习武，乐于救贫，因此为乡人所爱戴。

其中不难看出某种正在发生的多元化趋势，以及那些铁板一块的等级制从根系上的松动：一个风水师，有财力"救贫"，有能力"为乡人所爱戴"，名与利都拿得出手。

这些事发生在新富阶层身上，发生在杭州地区，都再合适不过。

[1] 杭州市文物考古所、余杭区博物馆：《余杭义桥汉六朝墓》，文物出版社，2010年；杭州市文物考古所：《浙江省余杭南朝画像砖墓清理简报》，《东南文化》1992年第Z1期；杭州市文物考古研究所、余杭博物馆：《余杭小横山东晋南朝墓》，文物出版社，2013年。

一直挣扎在民间亚社会里求存，也就更明白怎样争取和使用一切可以结纳的机会与资源。社会地位不高，却能结交各种阶层人士，活跃度很高，观风望气，实际上，未必不是看懂了世道人心。

这就是唐寓之的基本景况。

以图墓为业的人当然对自家祖坟不会含糊，所以唐寓之曾自言"其家墓有王气"（《南齐书·沈文季传》）。

不管是不是造势，或者借助自己对玄奥学问的垄断强行赋能——反正很多有野心者，都很看重这类超人力的预言——总之，这是"王气"两字又一次降临在杭州这片温和柔软的土地之上。

"王气"这种判词，再狂妄也不是随便能用的，结合

西晋越窑青瓷仕女俑、武士俑可窥当时杭州人的穿着风貌

上文所述那个"钱唐当出天子"的传言，至少我们能想象，杭州已经是个气象峥嵘、不容小觑的地理空间。

《南齐书·沈文季传》载："是时连年检籍，百姓怨望。……三年冬，寓之聚党四百人。"《南史·茹法亮传》则说："籍被却者，悉充远戍，百姓嗟怨，或逃亡避咎，富阳人唐寓之因此聚党为乱。"

可见，在唐寓之为什么要揭竿而起的问题上，一场自上而下的"检籍"和"籍被却者"的遭遇，是公认的致乱之源。

当时，随着江南经济的进一步发展，纷纷涌现的庶族地主们有了对特权的渴望，或者说，对既有特权阶层的不满。不过，他们使用的平权手段颇不正当：向官吏行贿，在政府登记造册的黄籍上，伪造出身之族谱，编写添加祖上的爵位官职，从而将自己改头换面为门阀士族，理直气壮地享受封建特权，比如免除徭役。

刘宋以来，此事蔚然成风，到南齐，几乎成了默认的潜规则而大行其道。

扬州九郡的黄籍上，被查出诈注户籍的，已有七万一千多户。

朝廷直接掌握和控制的户数被稀释得越来越少，国家财政、赋税、人力资源都受到巨大威胁，造成了严重负担。

于是，采取一些"清理整治行动"，迫在眉睫。

建元二年（480），齐高帝萧道成开始实施检籍政策。

齐武帝萧赜即位，又设立校籍官，指派虞玩之清查黄籍，鉴定士族之真伪，被检查出造假者须退还本地，从户籍上加以纠正，甚至罚纳贿改籍人到边地充戍役，称为"却籍"。后由于吕文度行之过甚，校籍官贪污，结果"前检未穷，后巧复滋"，"应却而不却，不须却而却"，却籍者（又称"白籍者"）大为不满，逃亡益多。

门阀制度、世家大族造成的阶层隔断，阻绝了流动性，赋予特权以合法性。而如今，当纠偏显得矫枉过正，等于是用一种新的不合理来填补前一种旧的不合理。

最终，不合理的指数级叠加，让那些已经没道理可讲的人，得出了属于自己的结论：反抗才是硬道理。这总能让人想起欧洲资产阶级革命前夜，新富阶层对勋贵阶层的不满。

沿用多年的九品中正制显出疲态，社会越来越被新的活力所涨满，登堂入室的新鲜血液又缺乏安全感，渴望打开更多的上升通道。

蓬勃的南方，蓬勃的杭州，蓬勃的平民阶层，一拍即合。

最终，南朝齐武帝永明三年（485）冬，唐寓之在新城（治今杭州富阳区新登镇）一带，以"抗检籍，反萧齐"为号召，集结四百人起事。

唐寓之举兵攻下新城、桐庐、富阳，江浙地区的白籍者纷纷参加，故被朝廷称为"白贼"，有士卒三万人。

这个风水师也迎来了属于自己的进击，属于自己的星火燎原。

他的队伍又很快攻下钱唐、盐官、诸暨、余杭等地，然后理直气壮地建立了政权——公元486年春，他在钱唐称帝，改国号为吴，改元兴平，立太子，置百官。

"以新城戍为天子宫，县廨为太子宫"（《南齐书·沈文季传》），以富户出身的钱唐人柯隆为尚书仆射、中书舍人。

不知这位新晋的风水师"皇上"在选自己的都城时，是否本能地动用自己曾经吃饭谋生的职业技能，在钱唐这片宝地上看出了"前有照，后有靠"，看出了藏风聚气、虎踞龙蟠。

注意"在钱唐称帝"这五个字，哪怕这是一个自说自话的甚至自娱自乐的小朝廷和伪政权，这五个字，至少对于杭州而言，意义非凡。

从某种意义上来说，这是这座城市第一次作为一个政权的首都而存在，这是这座城市的早期历史中最惹人遐想的篇章。

天子宫、太子宫，这些词在钱唐很陌生，但钱唐不用惶恐，这一刻的它，作为东南重镇，已具备资格和底气去承接一些什么，去幻想一些什么。

在钱唐站稳脚跟的唐寓之仍在四处调兵遣将，进攻东阳郡（今浙江金华），杀东阳太守萧崇之；还派孙泓率兵攻打山阴（今浙江绍兴），前锋直指浦阳江。

至此，唐寓之据有八县一郡，兵锋达到极盛。

但挫折很快就会到来。争天下，这个梦的实现难度太大，连上一个富春人孙权都不怎么敢做。

在进攻山阴（今浙江绍兴）的过程中，至浦阳江，会稽郡丞张思祖死守，唐寓之部久攻不下，被严重消耗了士气、资源和有生力量，也为猝不及防的萧齐朝廷腾出了采取措施的时间。

从战略进攻到战略防守，形势变化就在一瞬间，原本双方的筹码就并不对等。

齐武帝很快拨出禁军数千，浩浩荡荡前来讨伐。

最初不过携了一股义愤之气，才在缺乏准备的地方兵勇面前所向披靡，而此时此刻的唐寓之部，第一次遭遇训练有素的正规军，终于明白了战争意味着什么。

也有可能，那些跟从唐寓之的人里，有许多已经达到了最初的目的——用动荡喧腾引起最高统治者的注意，促成后续可能出现的政策调整——那么，也到了该散伙的时候了，毕竟送命是没有必要的。

双方在钱塘江南岸展开决战，那天的潮水，在血雨腥风、天地变色中充当了号角与鼓点。

很遗憾，钱江潮不能为揭竿而起的人助战，唐寓之部意料之中地一触即溃。

唐寓之被俘，斩首示众。

他熟稔的风水学没有为自己赢得逃生的机会，也不可能在刀斧面前修成钢筋铁骨。

战乱就此平息。参与此事的民丁，被罚修白下城（今南京金川门外），或发配到淮河一带做戍卒。

他们为自己的勇敢付出了代价。

钱唐是一座温婉的城市，钱唐不习惯勇敢，但钱唐这次见证了勇敢，钱唐也可以拥有自己的勇敢。

唐寓之的这场举事，是南朝时期规模最大的一次农民起义。但它与一般意义上"底层民众反抗暴政"还是有明显区别的，从某种程度上来说，它是新富阶层反抗旧有等级制度的一次武装示威，是新的社会现实对既得利益格局的一次冲击和反噬。

所以，它看似不起眼，实则传递了很多信息与趋势：庶族地主与士族地主的斗争，财富和权力之间的内在紧张，以及一个贵族时代的行将就木。

它搅动了一潭死水，也撬动了一块铁幕。

它成了一种变革的先声，虽然不起眼，却是不容忽略的细节信息，就像风水师们，会注意一座矮山的坡度与一条小河的弧度。

唐寓之虽兵败被杀，改籍人反抗依然强烈。于是朝廷也被迫开始反思当初之做法过于苛猛和峻刻："一室之中，尚不可精，宇宙之内，何可周洗"，"古今政以不可细碎"（《南齐书·豫章文献王传》）。

公元 490 年，齐武帝被迫取消黄籍检查，废止检籍政策，被发配戍边的一律准许返归故乡。

新富阶层胜利了，庶族阶层胜利了。

"三吴内地，国之关辅，百度所资"（《南齐书·王敬则传》）。它只能发生，也只会发生在江浙地区，因为这里是赋税重地，拥有全国最繁荣、最有活力的经济基础，朝廷不能不重视这里，不能允许这里变成潜规则盛行、弄虚作假的乐园。

也因为这里是富商新贵的集聚地和策源地，是庶族获得财富和机会的沃土。

钱唐有幸，在一场充任首都的狂想曲中，见证了历史深处的转型。

4. 溪山处处皆可庐：一僧一道的西湖梦

我们终于要写到文化，写到一座城市，是如何在身姿矫健、五脏俱全、骨肉匀停、血液畅通之后，开始浇铸出灵魂。

行政建置完整、农桑生产兴盛、工商百业繁荣，都属难能可贵，但有了属于自己的思想、格调、性情和审美，散射出属于自己的魅力、识见、观点和趣味，这才是成人礼的黄钟大吕。

何况这一切还围绕着西湖展开，这样美好的所在，注定该在诗意的宇宙中、中华的文脉里酝酿出自己的不朽故事。

一切，就从魏晋南北朝开始。

首先是最正统的儒学。清人皮锡瑞曾将南北朝时期称为"经学分立时代"，有所谓南学、北学之区别。杭州一带就成为南学的重要基地。《晋书》卷九十一《儒林传》所列 18 人，第一个即是钱唐人范平。《陈书》卷三十三《儒林传》所列 13 人，《南史》卷七十一《儒林传》所列 29 人，其中包括钱唐全缓，盐官戚衮、顾越，又有武康沈文阿、沈洙、沈德威、沈不害等。可见钱唐一带经学，以世家相传，范氏、沈氏均人才辈出，后又有朱异、杜之伟、褚仲都等名家，煊赫一时。南派儒学，"清通简要"（语本《世说新语》），能在一定程度上突破传统政教规范，顺应自然、人性，且融入玄学、黄老思想，更多地体现了对生命价值的重视。

其次则是文学。王谢等一干侨姓高门，上承魏晋风流，下启江东新貌，频繁雅集于杭州附近的会稽一带，极大地促进了此地与当时的文学艺术中心建康之间的有机联系。以谢灵运为代表的南朝山水诗，以沈约为代表的齐梁"永明体"（又称"新体诗"），均受本土风物影响，谢灵运《富春渚》《初往新安至桐庐口》《夜发石关亭》《七里濑》和沈约《早发定山》《新安江水至清浅深见底贻京邑游好》等，无一例外都取材于杭州地区，缘情绮靡、形象生动、意境深远，极大丰富和开拓了诗的意境，佳句佳景，堪称一时之绝配。

在这样的整体氛围里，从良渚文化消亡后就趋于中断的、因地处偏远而被习惯性轻视的东南"尚文"传统，又一次开始植根发芽、茁壮生长，对于美的自觉，对于诗意和性灵的发掘，对于生命和宇宙的思悟，对于精致生活的认同与肯定，纷纷成为这片水土这方人的标志性追求。江南从一个地理概念升华为一个文化概念，并在之后的历史进程里释放出越来越强大的能量，直到真正改写中国文学艺术的思维和表达。杭州，就在这个概念的中心地带，熠熠生辉，风情万种，隐隐成为江东各朝治下仅次于建康的区域文化中心。

当然，文化的终极命题，在于解决心灵的安放，提供彼岸关怀，回答现世人生的意义，所以不能不提到宗教，还有哲学。

六朝本来就是中国历史上佛教和道教传播异常活跃的时期，当这个态势与钱唐发生联系与互动，便愈发构成了理解钱唐文化地位上升的又一重要方面：精神世界的走向，既是政治、经济、社会等一系列要素共同交织的结果，又居于一般思想观念之上，特别具有深入人心、化育万物的韧度。

因为钱唐山水太适合于静谧地思考和领悟，也太容易触发人心最柔软、最敏感的维度。

意长笔短，千头万绪，不妨聚焦到一僧一道身上。

东晋咸和年间（326—334），一位来自古印度的云游僧人，踏入了西湖周边的群山，他叫慧理。

他是习惯了行走的出家人，可行走往往意味着危险、疲倦、疾病、陌生和敌意，往往与餐风宿露、披荆斩棘、起早贪黑、朝不保夕、豺狼虎豹、匪盗凶徒为伴为邻。

所以他的潜意识里，大概也在等待一场跨越百千万劫的遇见，一场能为其安顿禅心、收束脚步的遇见。

这样的遇见太过难得，大千世界，恒河沙数，你我不过是飘零的孤影，或者尘土。

直到这尘土纷飞到钱唐，这孤影被映射入西湖。

他还没见过这样的存在：富足安逸、风景宜人、信马由缰、游目骋怀。这安步当车的旅途过于令人陶醉，似乎比比皆是佛理禅机。

他相信，这是某种感应、某种真意、某种缘定三生，一切皆是前定。这很快就被验证了。

他就在西湖周边慢慢地走着，慢慢地走到了一处所在。

这处所在位于西湖以西，有山峰掩映，有绿树成荫，有鸟语花香，有溪声鱼影。慧理发现，这里很像自己故土的灵鹫峰。

"此乃中天竺国灵鹫山的小峰，怎会飞来此地？"

"世尊如来传法时，灵鹫山即多为仙灵所隐之地，看来这地方也将成为佛国圣境。"

他以细碎的声音久久地喃喃自语着，仿佛在反复诵读一句佛号。

"飞来"的小峰，仙"灵"所"隐"，两个如雷贯耳的名字，两个后来几乎成为杭州旅游标志物和形象代言符号的名字，就在这两句自言自语里留下了先声。

当地人没见过外来僧侣，呼朋唤友、拖儿带女地前来围观，看看这个神神叨叨的僧人，看看他兴奋而潮红的面色，以及听听语无伦次、磕磕绊绊，大概是刚刚学会的半吊子吴语。

他就用这半通不通的语言，开始向当地人兴奋地讲述自己的发现。

当然，大家都笑，没人相信山会从另一个国度飞来，这是什么怪论奇谭。

慧理不着急，他有自己的证明方式：

"这山峰里向来住有两只猿猴，一黑一白。如果这山确系飞来，那么黑白二猿也一定会相随而来。"

说完，他踏步前行，分开密布的荆条野草，在山上果然寻到了一处洞口。

众人还在啧啧称奇时，慧理已经俯下身来，朝着洞内开始呼唤。洞穴深不见底，慧理的声音回荡于内，竟有种震慑人心的厚重。氛围就这样安静下来，安静地等待着发生什么。

果然，有一只黑猿和一只白猿呼哨雀跃着，先后从洞中奔跃而出。大家吓了一跳，四散躲避，再眼睁睁地看着两只猿猴攀缘入山，不见影踪。

人们相信了慧理的话，慧理得到了大家的尊敬，然后，慧理口中的佛法得到了大家的神往和信服。

慧理也就获得了居留的资格，或者说，慧理自己心中明白，他和此地已经难以割舍。

他就在这座山峰和这个洞穴的对面驻锡建寺。寺名，顺理成章地叫作"灵隐"。

苏轼有诗云："溪山处处皆可庐，最爱灵隐飞来孤。"

〔清〕佚名《西湖风景图·冷泉猿啸》（故宫博物院藏）

的确，还有比这里更好的地方吗？西湖边最古老的丛林之一就这样落成了。

至于这个洞，大家开始称其为"呼猿洞"，这座山峰则被叫作"呼猿峰"。

在明末张岱的《西湖梦寻》里，这猿猴则成了慧理的宠物："晋慧理禅师，常畜黑白二猿，每于灵隐寺月明长啸，二猿隔岫应之，其声清皦。后六朝宋时，有僧智一，仿旧迹而畜数猿于山，临涧长啸，则群猿毕集，谓之猿父。好事者施食以斋之，因建饭猿堂。今黑白二猿尚在，有高僧住持，则或见黑猿，或见白猿。具德和尚到山，则黑白皆见。"

没人知道黑白二猿在山中存活了多少年，有人就开玩笑地拿《西游记》说事儿，说是孙悟空抹消了生死簿，所以猿类本就可以长命百岁。

重要的是，在这里，猿成了一种判断标准，能否看到它们，看到它们中的一只还是两只，成了一种内心修为和境界的外化形式。

猿类本就是百兽之灵长，既能隐猿，又有何种灵物不能隐？

人心本就有黑白二色，若能齐齐勘破，不就是佛性清净、无上菩提？

而西湖以西的青山绿水，从此点缀进了一抹明黄，山门、钟楼、塔影、佛堂，影影绰绰于层峦叠嶂间，欲辩已忘言。

灵隐寺的形制，深得中国南方式造园艺术的神韵精髓：一般寺院，往往前方开阔、坐北朝南、气派庄严，它却敛身于群峰环抱的山谷中，北高峰与飞来峰前后掩映，门前一泓清泉流过，需要人细细去寻访，然后柳暗花明里，妙境豁然示现，真恍如一路求法，终至仙灵所隐之圣地。

慧理一直在杭州传播佛法，再未回过印度。

在灵隐附近的几座山峰上，他又分别修建了灵山、灵峰、灵鹫等兰若。

据记载，慧理晚年常晏坐于灵鹫后岩，不知他在参悟什么，还是他已经和这山这岩融为一体？

其后，此岩称为理公岩，又名晏寂岩。慧理圆寂后，为纪念这位灵隐寺开山师祖，他的骨灰被埋于此岩下，并在其上建一座佛塔，取名理公塔，又名灵鹫塔。

现存的理公塔重修于明代，是一座六面七层楼阁式石塔，通高约 8 米。第一层中空，六面各辟一拱门；第二层正南面镌有"理公之塔"四字，东南面镌有明万历十八年（1590）的"慧理大师塔铭"，西南面镌有经文；第三层每面镌有文字，其中一面刻"六字大明咒"，一面刻"南无宝幢胜佛"六字，一面刻"光明净域"四字，还有两面刻经文；第四层至第七层每面，或刻佛像，或作实榻大门。塔顶有葫芦形塔刹。塔身自下而上逐级收分，造型简洁朴实，别具一格。①

① 赖天兵：《杭州灵隐理公塔》，《浙江佛教》2002 年第 3 期。

直到今日，每逢清明佳节，杭州灵隐寺都会组织僧众祭祖扫塔。鼓励后学精进道业，勤修三学（即戒、定、慧），饶益有情；涵育居士善信，发菩提心，行菩提道，

理公塔

自利利他。

这里，镌铭了一代高僧千山万水的艰辛，也见证了他在异国他乡入土为安的笃定。我心安处，此地有佛。

自此，灵隐寺高僧辈出，佛门龙象，慈悲济世，普度众生，他们的清净德业，福泽黎庶，彪炳史册，更为杭州增光添彩。

而五湖四海的游客，也在光临杭州的时候，把灵隐寺、飞来峰作为他们必去的一站。

"飞来"者，突然出现也。这大概暗示和传递了一种猝不及防中拔地而起的庄严。

这大概就是南北朝时期急剧发展的、超越了人们想象力和展望力的钱唐。

浙江境内，晋代创建寺院56所，刘宋16所，南齐15所，萧梁95所，南陈6所，共计188所。[1]"南朝四百八十寺"的盛况就在眼前，距离"东南佛国"也已不再遥远。

永明延寿、云栖袾宏、辩才元净、道潜参寥、济公和尚（道济）、弘一法师……这一位位与杭州结缘的高僧大德，他们的脚步正在路上。

无论作为高深的哲学，还是作为世俗的祈愿，唯一能够看到的是，生活与杭州都在一天天地好起来。

僧人是外来户，道士也一样。

反正这里有的是魅力，让外来户不再远走的魅力。

当然，这位道士的老家，比那位僧人近上许多：葛洪，字稚川，自号抱朴子，人称小仙翁，丹阳句容（今属江苏）人，东晋道教理论家、医学家、炼丹术家。

这一串头衔，用现在的时髦流行语，叫作"复合型跨界人才"，或者叫"斜杠青年"。

葛先生确实有资格做"斜杠青年"，因为他出身于江南士族人家，祖、父均为高官；可葛先生又颇为不幸，幼年就赶上父亲去世，家道中落。

但葛先生还是自幼好学、志趣广泛、博览群书。家中曾数次失火，收藏的典籍被焚毁大半，他就砍柴卖钱、买来纸张，背起书篓步行到别人家抄书来读。

这是我们都很常见的一种故事：没落贵族子弟，或

①莫幸福：《东汉六朝时代的浙江佛教》，《浙江学刊》1994年第4期。

是自强不息，要用知识重新改变命运，或是在世态炎凉中最容易对人世的无常产生超验的领悟。葛洪好像两者都占了。

据说，在他看的那么多书里，他尤其喜欢"神仙导养之法"，也就是"修仙"——这又是一个当代流行语，以及网络玄幻文学偏爱的题材。

他不是没试过入世、没试过建功立业。西晋末年，他曾一度参军，还积功受封关内侯。但每个人有自己必须去走的道路和必须去扮演的角色。

真正吸引他的，还是天地万物中那些妙不可言的超人力部分。

他去找了大师郑隐学习炼丹，颇受大师器重："弟子五十余人，唯余见受金丹之经及《三皇内文》《枕中五行记》，其余人乃有不得一观此书之首题者矣。"（《抱朴子内篇》）

简言之，就是他成了大师独一无二的得授秘传之术的嫡传弟子。

当然，因为他入过世，因为他在这片红尘中最喧哗热闹的地方确切地生活过，所以，他知道，很多东西需要的是融合，而不是切割。

他的著作《抱朴子内篇》，不仅全面总结了守一、行气、导引等晋以前的各种方术理论，还创造性地把道教修行戒律与儒家的纲常名教相结合；至于《抱朴子外篇》，更是专论人间臧否、治国安邦的成败得失，认为匡时佐世，务必对儒墨名法各家博采众长、兼收并蓄。

他还真是个"斜杠青年"。

一个海纳百川的修行者，需要海纳百川的修行地。

更何况，炼丹和写书都是需要养气宁神的，都离不开一个安静宜人的所在。

于是，钱唐和西湖又出现了。

葛洪携妻子鲍姑游走东南各郡县，在杭州西子湖畔，见到景色秀美，为之叹服，大喜道："此地可卜吾居矣。"

"此地可卜吾居矣"，简简单单七个字，却有万般不可思议的缘法，不可小觑。

于是他开始了"卜吾居"的过程：遍游钱唐诸山，以择善地，当然，或者是给自己一个更加充足的理由，细细地把玩这片土地。

忽一日，从栖霞岭东行，见一岭蜿蜒回环，气象万千：岭左旭日初升，烂然如霞；岭右松涛竹海，青翠欲滴；岭下清泉怪石，人迹罕至；岭头则高丘鸿影，清风徐来，有岩可静坐，有水可汲饮；岭前游人熙攘，却偏偏被隔开于外，闹中取静，却又谈不上与世隔绝。此地真不愧是结庐隐居的佳境！

他毫不犹豫地出金购地、安炉设鼎、结屋辟园，从此呼吸吐纳，采补修炼，再图精进。

这个让他见而忘返的地方，就是今天位于西湖之北的宝石山麓，后人为了纪念他，已将其修炼之地称为"葛岭"，而他养性之所，则以其道号和著作名世，呼为"抱

〔清〕汪启渭《武林十二景·葛岭》（故宫博物院藏）

朴道院"。

虽然关于葛洪的故事带有宗教的神异化，充满超现实色彩，但必须承认，葛洪在有意无意间涉及了诸多朴素唯物主义的科学命题：在丹砂水银的冶炼不息间，他歪打正着地成了最早的实验化学家；他认为疾病不是鬼神引起的，而来自外界的瘴疠之气；他留下了最早的关于结核病的观察和记载；他研究过天花、恙虫病的预防；他还在《抱朴子内篇》中专辟《仙药》一章，记下了许多药用植物的形态特征、生长习性、栽培方式和产地，以及入药作用、主治病症。

很显然，这方并不伟岸却鸟兽悠栖、花草争妍的西湖山岭，成了他与万物同居共处、彼此打量和熟悉的试验田。在此山中，他有的是时间和机会，尝百草、试新药，而此城中的百姓，就成了他最早的一批受医者和受益者。

葛岭初阳台下，至今存有一口投丹井遗迹。相传，葛洪每在炼丹药中有所得，便将这研制出的新品随即投入井中，井水融化了金丹，也就被注入了药性，周遭居民、来往行人，取井水而饮，不染时疫，身强体健。这口井，就成了钱唐居民天然的防疫站。

据张岱《西湖梦寻》载，直至明宣德年间（1426—1435），某年大旱，有人淘此井寻找水源，从井底捞起一个石匣和四个石瓶。石匣牢固得不可开启，石瓶启封后，被发现藏有形如芡实的药丸。有个姓施的渔翁拾吃了一枚后，竟活到了一百零六岁。

大概因为葛洪留下了古代炼丹术集大成之作《抱朴子》和古代医药名著《肘后备急方》，名气更甚，于是杭州不少地方都相传有他炼丹修行的遗迹，如西湖边的老龙井、富阳胥口镇的葛仙洞等，但似乎是后人将他与他的从祖父"葛仙公"葛玄相混淆了。

就说这老龙井，北宋秦观《龙井记》云："龙井，旧名龙泓，距钱塘十里。吴赤乌中，方士葛洪尝炼丹于此，事见图记。"南宋《咸淳临安志》照搬此说。稍一琢磨，葛洪乃东晋人士，在三国吴赤乌年间（238—251）还未出生呢。《咸淳临安志》又载："岩石室龙泓洞……晏元献公云：在灵隐山下。吴赤乌二年，葛仙翁于此得道。"或许是因井名与洞名同为"龙泓"，后人张冠李戴，将三国吴方士葛玄之事扣在东晋道士葛洪身上了。只是这种托名之事，民间早已习以为常，人们只想让身处之所沾一点名气、染一点仙气吧。

当西湖上的第一缕日照穿透舒卷的云朵，把宝石山、葛岭、初阳台统统抹成明黄色——和抱朴道院的山墙一样的颜色，和金灶里炼丹的炉火一样的颜色，我们大概有理由相信，自己正站在一个和葛洪相同的角度观看日月山河：朝晖夕阴，这变幻更替里，一定有着最大的道——自然。

链接：古迹寻踪

【钱塘江】

钱塘江古称浙江，又名之江，是浙江全省流程最长、流域最大的河流。以安徽省休宁县六股尖的北源起算，河长 588.73 千米，自西而东各流段又分称新安江、富春江等，至萧山闻堰街道（原闻家堰镇）附近与浦阳江合流后，东段称钱塘江。因此，"钱塘江"有泛指和特指之别。

其中，两江汇合处到钱塘江大桥一段江流，形成反书的"之"字形，也就是今属杭州主城区的钱塘江沿岸，形成了一条沿江旅游观光带。南面是起伏的平滩与丘陵，北岸是西湖风景名胜区的南缘边界线和之江国家旅游度假区所在地，一路视野开阔、气象万千、雄旷浩荡，有六和塔、白塔等古迹负载历史，亦有宋城、未来世界等主题公园展现新姿。

每年农历八月十八日前后，名闻遐迩的钱江大潮，汹涌澎湃，大浪淘沙，壮观天下无。在宋以前，钱江潮与灵隐才是杭州最出名的景观胜地。

【杭州古海塘遗址】

隐匿在杭州城中的钱塘江海塘遗址，从目前考古发掘来看，加起来将近 50 千米，随着江道变迁，如今基本上都深埋在地下，但仍有一小段见于地面。

转塘狮子口村、转塘大诸桥都有海塘遗址，转塘东岳庙旁立有"镇海神兽"狮子和刻有"砥柱回澜"的立柱。

四季青服装市场旁有一条碑亭路，贯穿西东，其中段原名石塘路，地底下就是古海塘之所在。

闸口白塔公园之白塔，建于五代吴越国时期，地处古运河入钱塘江之龙山闸，是杭州海塘遗址历史地段的标志性建筑。

江城路 340 号发现的吴越捍海塘遗址，是国内现存最古老的海塘遗迹。

但这些海塘旧物，几乎都来自唐以后，尤以清代海塘居多。至于华信所筑海塘，因年代过于久远，只能从大致方位推断。目前不少学者认为：其位置大致北起西湖东北宝石山脚，南至西湖东南万松岭下。

2020 年 1 月，位于江干区九堡文体中心的杭州海塘遗址博物馆建成开放。这是我国第一座全面展示杭州钱塘江海塘文化，集收藏、研究、体验、教育为一体的遗址类专题博物馆。

【龙门古镇（孙权故里）】

龙门古镇位于富春江南岸，属于杭州富阳区，是本章第二节中所写到的三国孙权家族的故里。

古镇四面皆山，大山头盘踞于西隅，龙门山崛起于东南，剡溪与龙门溪交汇于镇北。其中尤以龙门山气象峥嵘，最高峰海拔 1067.6 米，自古被誉为富阳群山之冠。

相传东汉名士严子陵曾游龙门，观山势异常，赞叹："此地山清水秀，胜似吕梁龙门。"古镇也因此得名。

龙门古镇以明清建筑群闻名，是现今江南地区保存较为完整的山乡古镇，与乌镇、西塘等水乡古镇相比，镇中到处是卵石铺成的小路、以卵石作墙垣的民宅民居，加上原木本色的厅堂，处处散发着属于山村的粗犷与清新，别有一番风情。

镇中百分之九十以上的村民，是三国吴大帝孙权家族的后裔。据家谱记载，从三国孙权时到 1939 年，孙氏已繁衍到六十五世。千百年来，经各房一代又一代的建筑，从一个大家庭的聚居地，形成了今日的规模。

古镇建筑以两座孙氏宗祠为中心，共建有孙氏厅堂40 多座，砖砌牌楼 3 座，古塔 1 座，寺庙 1 座。镇内屋舍房廊相连，长街曲巷贯通，小桥、溪流、古街、古树错杂其中，是一处诗意的栖居地。

古镇几乎每年都会举办盛大的传统庙会，将美食节、杂技狂欢节、民俗风情节等活动贯穿其中，深受各地游客欢迎。2019 年，龙门古镇被评为浙江省旅游风情小镇。

【灵隐寺】

灵隐寺，背靠北高峰，面朝飞来峰，始建于东晋咸和三年（328）①。

灵隐寺的开山祖师为古印度僧人慧理（即为本章第四部分主人公之一）。

南朝梁武帝赐田并扩建。五代吴越王钱镠命请永明延寿大师重兴开拓。宋宁宗嘉定年间（1208—1224），灵隐寺被列为江南禅宗"五山"之一。后时有毁建。清顺治年间（1644—1661），禅宗巨匠具德和尚住持灵隐，筹资重建，仅建殿堂时间就前后历十八年之久，其规模之宏伟，跃居东南之冠。康熙二十八年（1689），康熙帝南巡时，赐名"云林禅寺"。

现今的灵隐寺以天王殿、大雄宝殿、药师殿、法堂（直指堂）、华严殿为中轴线，两边附以五百罗汉堂、济公殿、华严阁、大悲楼、方丈楼等建筑，旁有飞来峰、三天竺诸寺、永福寺、韬光寺等名胜，香火旺盛，游客如织，已成为"三评西湖十景"之"灵隐禅踪"景观所在。

【葛岭与抱朴道院】

葛岭位于西湖北岸、宝石山西面，海拔166米。本章所述之东晋名道葛洪曾于此结庐修道炼丹，故而得名。

岭巅有初阳台，为一石砌台阁，是晨观日出之佳境，元代"钱塘十景"中的"东海朝暾"即此，清代时又称"葛岭朝暾"。每当朝阳初升，登台远眺，天空如赤练，旭日如巨盘，沧海变幻，流金溢彩，堪称奇景。

抱朴道院最初为百姓奉祀葛洪的葛仙祠，元代因遭兵火被毁。明代重建，改称为"玛瑙山居"。清代复加修葺，以葛洪自号抱朴子而改称"抱朴道院"，遂沿用至今。

① 〔清〕孙治、徐增：《灵隐寺志》，《武林掌故丛编》本。另一说为东晋咸和元年(326)，如《咸淳临安志》等。

我从山中来 HANG ZHOU

106

现抱朴道院有正殿——葛仙殿。东侧为半闲草堂，是南宋丞相贾似道寻欢作乐的地方，如今堂内供奉慈航真人像。南侧为红梅阁、抱朴庐，皆精巧别致，为典型的南方庭院式建筑。另有炼丹古井、炼丹台、葛仙庵碑等古迹。此道院是杭州市道教协会所在，是全国对外开放的二十一所重点道教宫观之一。

第三章

东南形胜迹

我
从
山
中
来

H A N G

Z H O U

1. 依山筑城：杨素的五个关键词，隋朝的一个省略字

公元 590 年的初夏，隋朝开国重臣杨素站在南方，他心心念念要平定、要经营的锦绣南方。

公元 609 年的初夏，隋朝二代皇帝杨广站在洛阳，他心心念念要建造、要修筑的东都洛阳。

杨素对着一面地图，若有所思，沉吟良久。

杨广对着一面地图，若有所思，沉吟良久。

这个跨越时空的、仿佛复制粘贴的平行蒙太奇里，君臣二人都在做自己的选择题。

杨素在为他的要塞城堡选一个合适的空间。

杨广在为他的黄金水道选一个合适的终点。

他们很快都会有自己的答案，答案都和杭州有关。

杭州州城创建者杨素

"杭州"这个词，将名正言顺地登上历史的舞台。

这一切，都和"隋"这个短促而复杂、富庶而苦难、成就斐然而矛盾尖锐的朝代息息相关。

这个朝代，无论其历史评价如何，都确切无疑地构成了杭州的新起点。

公元581年，北周权臣杨坚"三让而受天命"，接受了静帝的禅让，登基称帝，国号为隋。

公元589年，还是晋王的二皇子杨广提兵南下，灭掉陈后主的偏安小朝廷，南北归于一统。

西晋末年以来漫长的分裂状态结束了，中原的劫难过去了，隔江的对峙消停了，而江南持续的休养生息也到了结出硕果、获得回报的季节。

"地有湖山美，东南第一州"，杭州加冕为东南地区中心城市的时刻就在眼前。

加冕来自两个关键性的突破，这是之前漫长的岁月一直不曾给予的东西：其一，建城立州，成为直属中央的一级行政区域；其二，运河端点，成为全国交通网的枢纽性大站。

这就要从开头那两个还在对着地图思考的身影说起，虽然那两个身影，在史家那里收获的盖棺定论毁誉参半。

很多人都好奇甚至质疑过：杨坚为何要以"隋"这样一个冷门的字眼作为国号——在他之前，除去周、秦、汉、魏、晋、宋、齐、梁已经被用过，郑、韩、蔡、徐、楚这些古雅典正、能从先秦时代找到渊源的国号，都还可供选择。可为什么非要是"隋"？

有不少学者认为，杨坚本来定的国号不是"隋"，而是"随（简体作随）"。①

因为他在北周的爵位是随国公，这是他的发迹之始、龙兴之源，不忘本，总是人类的共性。

可隋文帝立朝时，执意要将原来"随"字中间那个被"阝"和"育"夹在缝隙里的"辶"字底去掉，易"随"为"隋"："辶"这个偏旁，在形象上恍若水流，多少让人有更替、变幻、留不住、握不牢的失序感，作为开国君主，总希望江山永固，所以哪怕迷信一点，提前剔除这些看起来不怎么吉利的细节也算合情合理。

不过，在唐朝初年，不少人依然习惯于将隋朝写成"随朝"，这可能是故意为之——嘲讽前朝那上天注定的短命。总的来说，这个"辶"的韧性，超出了隋文帝的想象：

①如胡三省注《资治通鉴》"隋纪一"："隋即春秋随国。……杨忠从周太祖以功封随国公，子坚袭爵，受周禅，遂以随为国号。又以周齐不遑宁处，去'辶'作'隋'，以'辶'训'走'故也。"

它可不是说甩掉就能甩掉的东西。

所以，在一条"之"字形（与"辶"相似）的甚至被直接称为"之江"的大河一侧，隋朝会建起一座伟大的城市，从这座城市里会延展出一条更有名的大河，它是隋朝卷册上极为辉煌和浓墨重彩的一撇一捺，是隋朝对后世影响最深远的工程，也被许多论者视作掏空隋朝的葬送者。

杨素的地图上，严格说来，还没有这个城市。

杨广的地图上，严格说来，还没有这条河流。

河流就像诗歌，它的存在就来自世界的失衡。

和此起彼落、春去秋来的王朝相比，也许城市才是真正接近永恒的东西。

隋文帝杨坚实行了一系列改革，如废除郡制，改为州县两级制，从此"郡"这个概念曾一度成为历史名词。①

于是，陈朝的"钱唐郡"就要以"州"来界定、划区和命名，因为州治被选在了余杭县（今杭州余杭区），因县名立州名，取了"余杭"的"杭"字，所以这个州就被叫作"杭州"。

这是"杭州"作为一个名词，第一次出现在历史的卷册上，这一用，早已超过一千四百年。

有了杭"州"，钱塘从此只是县名，一般不再代表今天意义上的杭州了。

① 隋炀帝杨广继位后不久，又将州改为郡，恢复了郡县两级制。因此，大业三年（607），杭州又改置余杭郡。

一个匹配于它的地理实体也呼之欲出：

开皇十年（590），杭州移治钱唐县城（今杭州宝石山东南），州名仍旧。

开皇十一年（591），杨素于钱唐县柳浦西（今杭州凤凰山一带）创建了杭州州城。

没错，就是那个端详着地图的杨素，他最终还是选好了杭州的位置。

杨素，字处道，弘农华阴（今属陕西）人。他年轻时，隋朝还没建立，他还在前朝（北周）为官，周武帝很赏识他，说："年轻人，好好干，不愁将来没有富贵嘛。"

杨素则应声回答了一句很著名的话："臣但恐富贵来逼臣，臣无心图富贵。"

好大的格局，好大的魄力！

这豪言简洁明快、豪气干云，在历史中成了被引述频次极高的金句，有时难免张冠李戴，被挪到其他人头上，比如，本章的另一位主角隋炀帝杨广。

其实各位发现没有，最适合安放它的，是本章的真正主角——杭州。

无心富贵，不争不抢，从来不以攻击性或者破坏力见长，但"钱塘自古繁华"，在不知不觉中，就成了人人公认的神话。

杨素一句自剖自道，无意中说尽了杭州的性格。这大概也是一种伏笔，或者一种暗示。

于是，当他走完这戎马倥偬、南征北战的一辈子，在他那庞杂的、被各种业绩事功官爵乃至争议所填充的生平事迹简介里，除了隋朝名将、开国元勋、几朝元老这种万能冠名，还要加上常常被忽略的一句：杭州州城创建者。

就是这一句，意义非凡。

围绕着这一句，杨素的人生演绎出若干个殊途同归的关键词，仿佛他的究极使命里，永远都有为杭州留出的一个位置。

杨素的第一个关键词是"江南"。

他从小好学，胸有大志。初随祖、父仕北周，官至车骑大将军，仪同三司。后以平北齐之功，加上开府，封成安县公。杨坚拜北周丞相后，任杨素为大将军，迁徐州总管，进位柱国，封清河郡公。待到杨坚取代北周称帝，建立隋朝，杨素被加封为上柱国。隋开皇四年（584）拜御史大夫，后又以功高封越国公。这一路的平步青云，畅通无阻，都是足以羡煞世人的顺风顺水。

可哪怕搁在这样官运亨通的履历表中，几次江南作战，依然构成了其中最煊赫的节点。

开皇八年（588）十月，隋朝大举兴兵南下攻陈，杨素在永安修筑战船顺水而下，屡战屡胜。先是大破陈国将军戚欣所率领的由一百多艘青龙船组成的主力部队，又在荆州凿破名将吕仲肃用铁链和栅栏建构的江面防线，将陈军余部驱赶到汉口聚歼，有力地配合了杨广部在长江下游的作战，使得江南一鼓而定。

比土地更难征服的总是人心。朝廷大军撤离后，部分南方地主造谣惑众，散布隋文帝杨坚要把百姓迁徙到关中的流言。一时之间，金华、会稽、吴郡等地，民变不断，小者数千人，大者数万人，首领或自称天子，或自称大都督，署置百官，攻州陷县，十分混乱。

于是，隋文帝再次下诏，任命杨素为行军总管，率领大军南下镇压。

开皇十年（590）十一月，杨素率大军出杨子津渡江，迅速攻克京口（今江苏镇江），又相继占领晋陵（今江苏常州）、无锡（今属江苏）等地，挥师直插杭州附近，以数百艘小船的奇兵乘夜偷渡钱塘江，登陆袭破叛军高智慧的大营，后又转战千余里，前后百余战，所至无不克捷。

眼见大局已定，隋文帝体恤下情，念及杨素辛劳国事，下令让其回京师休息。可杨素到大兴城（今陕西西安）短暂逗留后，认为叛军残部尚未肃清，如不及时消灭，终将有"野火烧不尽，春风吹又生"的无穷后患，于是请旨，第三次南下，水陆并进，从浙江一直攻入泉州（治闽县，今福建福州），将剩余叛军一网打尽。至此，隋朝大一统的局面终于得到了彻底巩固。

三次南下，从清理偏安小政权到平息民变，杨素用尽天时地利、奇谋妙策，在战场上留下无数得意之笔。可是，作为一个敏锐的政治家，此时的他，内心约莫已有了更细致、更长远的计划蓝图：如果不想过几年又吃力不讨好地回来用兵，那必须明白，在这片富庶温和的土地上，仅仅靠打仗、剿杀、歼灭、追究是远远不够的，这里需要的是长治久安，是打理以及修建，是一些更加固态的、让人产生安定感的东西。

杨素的军事生涯因江南而辉煌，杨素的政治生涯，也理应对江南尽一份回馈和义务。

杨素的第二个关键词是"果决实干"。

他治军严酷，杀伐决断，说一不二，每次打仗都要派敢死队冲锋，但凡怯阵后退的，定斩不饶，而他又不吝行赏，手下不计出身名望，只要立功必有厚得。所以，虽说其性情刚烈，有时未免凶暴，可东征西讨，有的是忠实的下属愿意跟着他。

当初，杨素被任命为汴州刺史，赴任的半道遇上宇文胄起兵挡了去路。杨素当时明明是去上任，跟出征没有半毛钱关系，手里不带一兵一卒，可就这种情况，他愣是直接借了河内的军队，在履新路上，顺手把宇文胄给端了。

后来平陈平叛，以一个土生土长的北方人身份，领着舰队去打水战，更是一路的速战速决，每到一地都是先下手为强，直接抓准对方弱点发动攻击，没有一丝一毫的延宕、恐慌、犹疑，也就没有错过战机。

说做就做，从来都是他的行事标志。

对于打仗是如此，对于他准备好好建设的江南和杭州也是如此。

杨素的第三个关键词是"筑城"。

他是洛阳营建工程的主要负责人之一，与建筑师宇文恺配合默契，让这座东都的建设速度几乎成了一场奇迹——仅仅耗时十个月，城市建设工作就大体宣告完成。

甚至连他灭陈时苦心修筑的战船，都恢弘得仿佛是一座浮水而生的城池：这种号称"五牙"的战舰上，有五层高楼，高一百多尺，前后左右设置六根拍竿，均高五十尺。战舰可容纳战士八百人，旗帜飘扬，铺满江面，以至于对手见了这阵仗，一度惊呼：杨素不就是江神吗？

这个才能在东南的沃壤上又一次找到了用武之地。

民殷物阜，什么都有了，唯独缺一座实体的城池，就像色彩斑斓的卷册，赤橙黄绿都齐备，只差沿着外围描上轮廓。

杨素决定自己来描这个轮廓，他终于在那幅凝视良久的地图上落笔了。

他沿着凤凰山画了一个圈。

不得不说，这个圈画得充满了一个军事天才的战略眼光和直击要害的敏感。

在此时的钱塘江两岸，有两个极其重要的渡口，江北的叫柳浦渡，江南的叫西陵渡。柳浦就是今天凤凰山脚三廊庙①一带，西陵就是江对岸的西兴镇一带。古代人要过钱塘江，就在这二者之间乘舟。挪到今日，它对应的大概就是复兴大桥，也就是与纵贯杭州主城区的高架相接的那一段道路下的江面。古往今来，这都是交通命脉。

① 三廊庙，旧多作三郎庙。

118

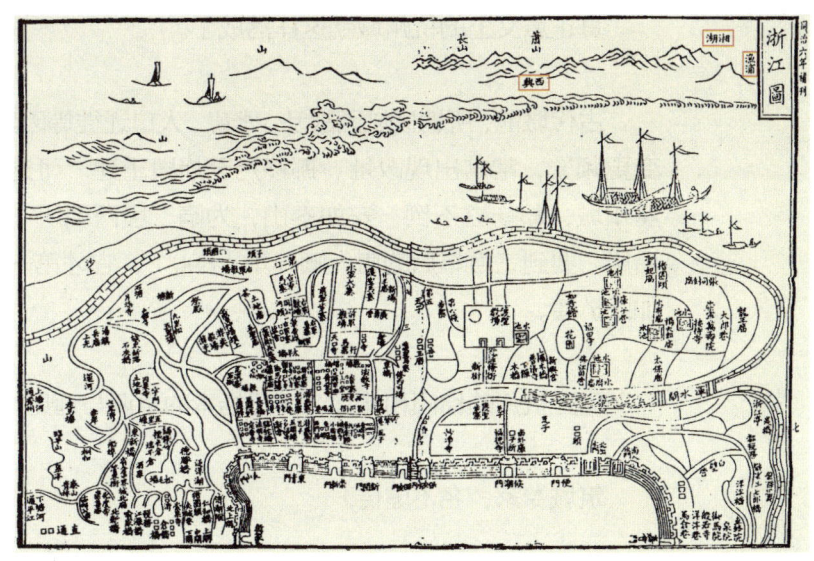

《咸淳临安志·浙江图》上可见"西兴""湘湖""渔浦"等地名

　　杨素当然懂得扼住这条交通命脉的重要性，所以他为杭州州城择定的基址，就在北岸的柳浦西：依凤凰山而筑，周围三十六里九十步——大致位于今杭州中河以西，凤凰山南麓以北，西湖以东，望湖饭店以南。

　　此地南扼钱江水面，北控浙北平原，气象峥嵘，襟江带湖，没有比这更完美的地方了。

　　数十万军民被征发而来，隋代最擅长的，好像就是大规模的人力、物力调动。

　　手拉肩扛、抬砖挑瓦、开岩伐树，在盛夏的酷暑烈日下，人们挥汗如雨，焦黄的肤色和垒砌的黄土变成同一种色调，互相映衬。

　　和风细雨的江南，没见过这样的阵仗；和风细雨的江南，需要这样的阵仗。

真正意义上的杭州城就这样落成了。

古代城池，所辖区域因战乱、水患、人口迁徙等因素，变更频繁，常常出现改址、挪移乃至崩毁重建。可这一座州城，却屹立不倒、安如泰山，为隋、唐两朝所一直沿用，要到三百年后的唐大顺元年（890），它才第一次加以扩建。

可见杭州的稳固和扎实，可见杨素的卓识与远见。

筑城专家，名不虚传。

大概是与杭州的这次结缘，经了江南杏花烟雨的润泽，杨素一个金戈铁马的厮杀汉，倒从此传出诸多倜傥风流的故事，给野史和小说作者们留下了极大的发挥余地。

《隋书》上记载，平陈之后，杨坚给他的赏赐中有"陈主妹及女妓十四人"。这后来被唐人孟棨写进《本事诗》，说是南陈乐昌公主和驸马徐德言当年分别的时候，以铜镜为信物，一人一半。

乐昌公主入隋之后，被赐给杨素为妾。几年之后，徐德言揣着半面铜镜找来，乐昌公主在杨素面前写诗言明对前夫的心迹，杨素一大方，就放这两人离去了。这就是成语"破镜重圆"的典故。

在唐人小说《隋唐嘉话》里还有一段，说与杨素共掌朝政的内史令李德林有个儿子，叫李百药，是个小帅哥，和杨素的宠妾常常眉来眼去。有回他们私会的时候，被杨素逮个正着。杨素本想杀他，但是看他也算一表人才，又怜惜他，就说："听说你小子文章写得不错，写篇给我看看，写得好就不杀你。"李百药一挥而就，杨素一看，果然写得不错，又大方了一回，连人带宠妾全放了，还送了他数十万钱当礼物。

后来又发展出另一个更精巧的故事，那就是大名鼎鼎的《虬髯客传》，只不过这里面的杨素彻底成了配角。

几个故事的相似度很高，说穿了，只是同一个思维模式、同一个梗，在同一个人周围借题发挥而已。不过也不难发现，其中的杨素，形象是高度一致的：虽然起点都是让人生畏、眼见着会成为爱情阻碍物的霸道总裁，但结果却无一不是成人之美。

所以，这是杨素的第四个关键词：善于成全。

还有第五个关键词：慧眼识珠。

杨素擅长发现人才，他推崇的都是真正的能人，比如高颎、牛弘、薛道衡，比如当时还是晋王的杨广。

尽管我们很快就会看到，杨广对他的回报不怎么厚道。

慧眼识珠的对象，不仅仅是人才，也可以是城市，尤其是城市的位置。

善于成全的对象，不仅仅是爱情，也可以是城市，尤其是城市的未来。

不仅仅是城市，还有那个在后世代表城市的湖泊。

杨素筑城完成后，那个在上一章提到过的、在汉代就形成了的内湖，正式确立了自己和城市之间的布局关系——它在城的西面。

以前它是城市和大江的附属品，被随意地称为"钱唐湖"。

现在，依照中国的地理命名惯例，"钱唐湖"具备了改名为"西湖"的条件。

"西湖"依然是一个随意的名字，但它将来会拥有的一切，都绝不随意。

"三面云山一面城"，这个属于杭州的最让人神往的城湖空间从此奠定。

杨素从杭州班师回还以后，官迁尚书右仆射，与尚书左仆射高颎同掌朝政，后取代了高颎的位置。大业元年（605），迁尚书令，不久被拜为太子太师。第二年，拜为司徒，改封楚国公。

尚书令是隋唐官制里的最高行政长官，因为地位极高，在大多数时间内，甚至是悬置空缺的。但是杨素那么聪明的人，当然知道高处不胜寒的辩证关系。

功高震主，是许多仕途上战无不胜的耆宿勋贵都走不过的死亡沼泽。位极人臣的同一刻度，一般就是帝王的猜忌到达顶点。

所以，大业二年（606）的杨素一病不起，皇帝频繁过府探望甚至亲尝汤药的感人佳话，这次没有发生，因为谁都没想到，病人自己的态度竟然会那么消极：拒绝服药。

大概他内心有数：自己的死亡会为君王去掉一块心病，这样，整个家族才可保平安无恙。

杨素就这样死了，谥景武，赠光禄大夫、太尉公、弘农河东等十郡太守，倍极哀荣，炀帝还是给足了他面子。

但据传，炀帝曾亲口对身边人说："他若不死，我早晚会诛他九族。"

结果就是，杨素的死，也没让他的"九族"逃脱被诛的命运。在他长子杨玄感的兵变中，整个家族都成了炮灰。当然，这样的身后事就不在我们的讨论范围之内了。

我只是经常在想，勘破世事也好，万念俱灰也好，宠辱不惊也好，阅尽千帆也好，闭目等死的杨素，总归会想起自己这波澜壮阔的一生里那些征服和治理过的地方吧。

那么，杭州，一定会在其中有一个位置。

甚至，他会不会后悔，如果一直留在那座亲手筑造的美丽的江南大城里，远离朝廷中枢的你死我活，他的人生能不能有一种更加柔和的收尾？

这些都没有答案了。

杨素去世后第二年，高颎也被杀，两个朝堂栋梁先后倾倒，年轻的杨广终于再也没有掣肘和顾忌。

少了这些功臣元勋的掣肘（或者说监督），他可以肆意纵情地做一些他想要做的事情了，一些可能连他自己都说不清，到底是为了纸醉金迷、及时行乐，还是为了彪炳千秋、万世留名的事情。

这些事情里，杭州又会有一个位置，一个非常非常重要的位置。

2.炀帝的执念：大运河的终点，就选在这里了

某种意义上，杭州应当感谢隋朝，尽管它短暂、动荡，为百姓带来诸多苦难，可它对于杭州，真的有一种奇特的眷恋。

这眷恋又主要聚焦在那个亡国之君——隋炀帝杨广身上，在他一系列任性的操作里忙不迭地展开。

帝王的千古骂名，城市的千古流芳，这一组关系太迷离暧昧、云山雾罩。

幸运的是，它们之间还有一条凝定不变的叙事主线：一条大河，一条黄金水道。

"祖龙魂死秦犹在"，"百代都行秦政法"[1]，毛泽东的两句诗说透了历史的效率至上和结果至上，以至于你从来无法用一个简单的善恶好坏去说清大概。

对隋炀帝也是如此，多少人一边骂着他，一边沿用着他的思路和举措，至少是一边享受着他留下的设备和硬件。

比如科举，比如运河。

巧的是，此二者都在促成一种流动性，只不过一个关于阶层和人才，一个关于地域和资源。

[1] 毛泽东：《七律·读〈封建论〉呈郭老》，载吴正裕主编《毛泽东诗词全编鉴赏》（增订本），人民文学出版社，2017年。

我们在言说历史的时候，常常过于随意地混淆三个词：昏君、暴君和庸君。

昏君是态度问题，暴君是品德问题，庸君是能力问题。比如，纣王是暴君，阿斗是庸君，明朝后期那几位是昏君。

炀帝呢？他有点"暴"，又有点"昏"，然后，他一生竭力在做一些证明自己不"庸"的事情，结果把天下搞成了死局。

所以，他真的是太难下定义的那种存在。理想主义者？这个词过于正面，连我都羞于将之安放在炀帝跟前。非要说的话，好像调换一个字——"狂想主义者"，更贴切一点。

他是良才美质、极致意义上的聪慧和俊朗——《隋书·炀帝纪》曰"上美姿仪，少敏慧"。七岁那年，他就用自己的第一首诗，咏叹灞河两岸的风光旖旎，为自己赢得了"神童"的美誉。他没有想到，成年之后，他还会在某条河上久久流连，这条河有个更加风光旖旎的终点。

他在做皇子期间，克己勤勉，举止备受肯定，率兵作战平叛，所过之处，总是留下一片秋毫无犯："封府库，资财一无所取"，由此"天下皆称广以为贤"（《资治通鉴》）。当然，这也许是在积攒资本和印象分，为了更顺理成章地接过这片天下，他必须让自己表现得更完美一些，然后，等待日后报复性的反噬。谁都不能预见，有朝一日，他所过之处，会从"秋毫无犯"变为"劳民伤财"。

他登基在一个最好的时光里，父亲留下的是殷实的府库、承平的四海、完备的三省六部制度、十几年里增

隋炀帝杨广（引自《历代帝王图》，美国波士顿美术馆藏）

加了二百万户的稠密人口，他也参与了这些，所以他好像也有资格去浪费、去挥霍。

起点太高，信心太足，有想法、有胆量、有气魄，唯独缺了稳健，缺了节制，还有最重要的，缺了悲悯。

和杨素一样，杨广的江南情结也很重。

开皇六年（586），还是晋王的杨广出任淮南道行台尚书令；两年后，作为平陈战争的总指挥，戟指整个江浙；开皇十年（590），又任扬州总管平叛。前前后后，他坐镇江南近十年。

和杨素这样的武人不同，杨广骨子里有太多浪漫不羁的因子，对绚烂与豪奢、繁盛和浮华有种刻骨不变的偏爱。

杨素这样的人会征服江南，然后建设与规划江南，寻找更恰当的方式统治江南。

杨广这样的人会征服江南，然后眷恋江南，依赖江南，无数次地光顾江南，甚至放任自己醉死在江南。

不知道，这算不算另一种维度上的"求仁得仁"。

炀帝对江南梦一样的执念，做垮了他的江山，但执念之所以能叫作执念，就在于它很多时候真的没有道理可言。

用狂想主义者的方式宠溺自己，用狂想主义者的方式讨伐外敌，用狂想主义者的方式大兴土木、开河筑地。

甚至，用狂想主义者的方式，顺应历史的潮流，以及这潮流里释放出的矛盾。

随着北方战乱、气候变化、北人南迁、劳动力和生产技术向着更加安逸的环境自发靠拢和安放，"经济重心""赋税奥区""鱼米之乡"这些关键词，此时都已落定在南方。炀帝把国都从大兴城（今陕西西安）搬到洛阳，已经是在一定程度上嗅到了这种新趋势的味道。

经济重心南移，这是潮流；政治和军事重心仍要留在帝国的北方，这也是潮流；经济重心和政治军事重心的分离，这就是释放出的矛盾。

毕竟不能学东晋和南朝，主动搬去作偏安政权。生于忧患，死于安乐，也是人人尽知的古训。

所以，既要坐镇北方，也要经略江南，巩固后方，协调和实现资源跨区共享，并且笼络那些刚刚臣服的人心。

最好的办法，就是让帝国的首善之区和帝国的鱼米粮仓之间，有一个渠道，一个介质，一个交通线，一个"万物互联"的机会。

他用自己的整个统治生涯在践行这个机会。

马端临在《文献通考·国用考一》里感叹："国计之富者莫如隋。"

司马光在《资治通鉴·隋纪五》里介绍："是时天下，凡有郡一百九十，县一千二百五十五，户八百九十万有奇，东西九千三百里，南北万四千八百一十五里。隋氏之盛，极于此矣。"

上述成就的峰值，并不发生于隋文帝的开皇之治，"极于此矣"的时间，定格于隋炀帝的大业五年（609）。

唐太宗一生把隋炀帝作为反面教材来自警自勉，却只能遗憾地接受这样一个事实：在他的统治期内，经济指标和人口指标一直没能达到这个高度。等到唐朝也拥有这样的数据，那已经是玄宗开元、天宝年间（713—756）——立国已历百年。

而这些，都跟那条黄金水道有关。

罗马不是一天建成的，黄金水道也是。

早在公元前 5 世纪，南方人已经有了一个叫作"大运河"的目标。

当时还是春秋末期，巧合的是，它同样来自一个末代君主的自我膨胀。

这个君主是吴王夫差，在史书上，他的形象同样是好大喜功、刚愎自用、耽溺酒色、荒奢无度。

在攻克楚国、越国之后，长江中下游尽在掌握，挡在夫差"逐鹿中原"的幻觉面前的，只有齐国。

为了北伐齐国，争夺中原霸主的地位，夫差调集民夫开挖自今扬州市南引江水北过高邮市西，折东北入射阳湖又西北至淮安市北入淮河的运河，因途经邗城，故得名"邗沟"。全长约 170 千米。[①]

① 邗沟，在东汉建安初改凿新道，自今高邮市直北径达淮安，大致即今里运河一线。隋炀帝重开邗沟，基本上循着这条建安故道，而非需绕道射阳湖的吴故道。"约170 千米"的长度即里运河（又称淮扬运河）的长度。

夫差没有实现逐鹿中原的梦想，那个叫勾践的囚徒，正在他身后的腹心地带演绎着一场卧薪尝胆的情节。

但长江水第一次引入了淮河，那些东西向的河流第一次实现了南北向的贯通。

"邗沟"就此成为中国大运河最早修建的一段，这个名字一直被沿用。

而关于大运河的世代累积的"建设众筹"，就此动工。

隋大业元年（605），也就是炀帝改元的第一年，开凿了今洛阳西到江苏淮安的通济渠。全长1000余千米。

大业四年（608），为便利河北地区军事运输，又利用沁水、清水、淇水等天然河道，开凿了从今河南武陟（接黄河）经山东临清至北京城西南隅（涿郡）的永济渠。全长1000余千米。

邗沟河上的黄金坝闸

公元 610 年，凿通今江苏镇江至浙江杭州的江南运河。全长约 400 千米。

接下来，又对那条古老的邗沟进行了改造和疏通。

这些工程的规模，仅仅从参与人数上，就能做一些瞠目结舌的想象。对挖凿运河所征调民工的数量，明确的记载就至少有两次——《隋书·炀帝纪》：大业元年三月辛亥，"发河南诸郡男女百余万，开通济渠，自西苑引谷、洛水达于河，自板渚引河通于淮"；大业四年正月乙巳，"诏发河北诸郡男女百余万，开永济渠，引沁水南达于河，北通涿郡"。

动辄就是百余万人的量级，好像织出了一张硕大无朋的网，以洛阳为中心，向着帝国的各个终端散射。

当然，重点是南方，重点一定是南方。

南方是个宏观的概念，在南方的南方，"江南"会变成"岭南"，由于气候、地理等原因，那边还是未开化的荒区。所以，大运河不能一直往南走，那里性价比不高。

大运河让人神往的延展，也需要一个适当的句号，这个句号该是气候温暖、地势平坦、民风温和、大米丝绸茶叶供应充足、距离中原也恰到好处的地方。

就像本章开头时的那个情境：炀帝面对着帝国庞大的舆图，沉吟了良久。

对这个敢想敢干、不管不顾的率性"富二代"皇帝来说，"沉吟良久"是不常见的姿态。可见，这里面关系重大。

然后，他看见了杭州，看见了那个位于东南方的小黑点。

气候温暖，没问题；地势平坦，很正确；民风温和，检验无误；大米丝绸茶叶，应有尽有；距离中原，范围可控。

终点，就选在这里啦！

等江南运河一疏通，洛阳与杭州之间的河道已经可以直通船舶。

至此，四条人工河道完成了贯通，永济渠、通济渠、邗沟、江南运河，靠人力生生挖出来的河道组成了南北交通大动脉，途经今浙江、江苏、安徽、河南、山东、

大运河杭州段

河北六省及天津、北京两直辖市，贯通海河、黄河、淮河、长江、钱塘江五大水系，全长约 2700 千米。这条运河可称为"南北大运河"。

要知道，在 21 世纪，在基建领域屡屡震惊世界的中国，以全球最巨大、最先进的挖掘和装运机械修筑的南水北调工程，从丹江口到北京的中线，全长也才 1276 千米，比南北大运河少了一半还多的距离。

所以，我们大约能脑补一下：一千四百余年前，在人们的眼中，大运河究竟意味着什么，究竟是一个多么疯狂的计划和奇迹。

触发这样的疯狂计划，还真需要一个狂想主义者，以及一个让这位狂想主义者魂牵梦绕的江南。

3. 黄金水道：关于鱼米、茶叶和生丝的神话

还真是"魂牵梦绕"：炀帝在位十四年，用于四处巡游的时间就长达十一年，有了运河，江南自然成为首选。

也许你动用全部的想象力，都不足以想象出那个圣驾莅临的春日里，这片河面上曾经有过的、如天国般辉煌的、诸神下凡般的景象：金碧辉煌的四层高大龙舟，仿佛破水而出的太阳，船身被珍珠、玛瑙、翡翠、玉石装点成七宝楼台，又像是皇宫圣殿被直接挪移到了水上，周遭和身后环绕着数万艘各种各样的彩船，分乘着妃嫔宫女、王公贵族、文武百官，装载着金银、绢帛、食品等后勤物资，以及一路采办收纳的地方贡物。

船开得不快，就没有什么颠簸的劳顿，只有舒适、安全感——岸边是列队护驾的全副武装的骑兵，跟着船

队一起徐徐而行。

炀帝凭栏临风，意满志得。环顾着两岸的锦绣江山和那些赶来朝拜的官员，他回头极目远眺，也看不见船队的尾巴：因为它在运河里竟然排开了二百余里的长度。

炀帝同样看不见的还有很多东西，比如民愤、怨言、如流水般花去的靡费，还有在周遭负责外围服务，供拉纤和运输所用的八万多名民工，以及在地方官的催逼和督促下，正在倾家荡产备办酒席"献食"的百姓。

大运河给了他太多的灵感和自恋，也给了他把帝国当作大棋盘和大玩具来回折腾、来回调度的过瘾机会，这些喷薄而出的扭曲欲望，仿佛京杭之间流淌的河水一样永不干涸：游玩了南方，他又想起了北方，为此开凿了数千里驰道；出塞北，带了十几万人，西巡，又是十几万；为保证洛阳安全，环绕东都挖了条约两千里的壕沟，用掉数十万民夫；修长城，一次用了百余万民夫，一次用了二十余万民夫；三征高丽，前后动用兵力及民夫三百余万，死伤三十多万精锐。

接二连三的数据游戏，仿佛在给大隋的家底做减法，看看还有多少剩余量可以拿来损耗。

于是，史笔如椽，太多"挥霍无度、纵欲伤民"的义愤填膺的指斥，落在隋王朝锦衣华服的腐朽尸身上，鞭鞭见血。

民间故事里更是善恶分明，说他只是为一睹扬州琼花芳容，才滥用国帑、鱼肉百姓，挖出运河作为自己的私家交通线，以至于《隋唐演义》等讲史话本干脆替天行道、快意恩仇，让扬州提前降下一场冰雹，把琼花摧残得七毁八伤，炀帝兴冲冲赶到，却只看见了一番零落成泥的败相。

大运河好像被错排了场次和角色的名演员，明明带着一身的无双本领、一身的绝代风华，却甫一登场，就跟各种艳俗狗血的情节相关，听到的全是台下的嘘声。

玩得过于任性和轻佻，又过于放任自己的欲望，再大的好事，以透支国力的方式扎堆来做，结果只能是悲剧。

只能是天下大乱，只能是群雄割据，只能是烽烟四起，就像隋朝统一之前那样，就像大运河开掘之前那样。

大业十三年（617）三月，杨广已经在南方住了大半年。这次，他不是流连忘返；这次，他是无家可归：李渊已经攻入长安，立代王为帝，遥尊他为太上皇；李密在洛口（今属河南）起事，阻断了他北归的路线。

他以为他挚爱的南方，还能给他一些苟延残喘的时间，但是他身边都是观众席人："久客羁旅，见帝无西意，谋欲叛归"（《隋书·宇文化及传》）。

然后就是宇文化及和禁军的哗变，杨广被包围、擒获、绞死又草草葬于江都宫西吴公台下，离运河倒还是很近。

那个良才美玉的杨广，好像永远定格在了二十岁。

昏君死了，隋朝亡了，大运河的开掘、疏通、经营、维护和完善，却还在绵延不断地继续。

13世纪下半叶元朝定都大都（今北京）后，为了使南北相连，不再绕道洛阳，朝廷花了约十年时间，先后又开挖了济州河和会通河，把今天津至淮安之间的天然河道和湖泊一一连接起来，淮安以南接邗沟和江南运河，直达杭州，而北京与天津之间，原有运河已废，又新修通惠河。

这样，真正意义上的京杭大运河落成，比绕道洛阳的隋唐大运河缩短了 900 多千米。

这个故事不在我们章节的时间线之内，但它反向证明了一些东西的永恒性。

当许多人还忙于把大运河降解为一条运送奢侈品和巡幸船队的禁脔私享，将之与隋炀帝的败亡作不可拆解的绑定时，写下"若无水殿龙舟事，共禹论功不较多"的唐代诗人皮日休，却选择了辩证的角度，或者说，站

上塘河是隋代江南运河杭州段的主航道

在了杭州的角度和普通人的角度写道："在隋之民不胜其害也，在唐之民不胜其利也。"（《汴河铭》）

流水、船只、货物、航线，都没有停下来，运河两岸的各个城市蒸蒸日上，也没有停下来。

杭州，当然更没有停下来。

这条人工河的开通，让"川泽沃衍，有海陆之饶；珍异所聚，故商贾并凑"（《隋书·地理志》）的丰盈景象，从此成了它南部端点上的常态。

运河漕运，并不是简单的国家采办行为，而是以漕兴商，将商流引入漕运，带动了整个经济系统。

杭州就在这个系统里，统摄着四通八达的物流线路，"咽喉吴越，势雄江海"，确立起了自己在东南一隅的交通枢纽地位："水牵卉服，陆控山夷。"这一重要的地理位置，奠定了后世一系列经济文化的迅速发展。

很难想象，杭州，要是没有运河，会是怎样？

就像我们无法想象杭州没有西湖、没有钱塘江，甚至没有良渚、没有跨湖桥。

如果西湖负责了杭州的美丽，那运河负责的，就是杭州的财富、外联和机遇。

只能说当所有这些要素穿越千年的风尘聚合在一起，幸运如我们，才有机缘见证这个历史的幸运儿——这座天选之城。

运河真正哺育了杭州，让其成为南北漕运的货物集散地，船舶云集、商贾辐辏的水陆扼要之区，在东南名城的序列中不断升位，渐次超越了苏州、越州（今绍兴）、明州（今宁波）甚至扬州，在茶叶和丝绸扬名天下、行销宇内的神话中加冕为江南的灯塔。

唐代的三大通商口岸之一、南宋的首都、元朝的"最美丽华贵之天城"、明清的天下粮仓，都在顺理成章的孕育当中了。

链接：古迹寻踪

【凤凰山】

即文中所说杨素筑城之处。主峰海拔 178 米。北近西湖，南接江滨，山形若凤凰腾空，故而得名。传说西湖本是天降明珠，由玉龙金凤共同炼制和守护，玉龙即化为玉皇山，金凤则化为凤凰山。

隋唐在此肇建州治，就是本章第一部分内容。

五代吴越国将杭州设为国都，又在此筑城。南宋则在凤凰山麓建造皇城（东起今馒头山东麓，西至凤凰山南麓，南起宋城路北侧，北至万松岭路南，周长约 4.5 千米）。大内主要有三座城门，南称丽正，北为和宁，东曰东华，另有西华门和东便门。

南宋亡后，宫殿改作寺院；元代火灾，几乎成为废墟。现尚留存一些残址遗迹，以石刻、石景为多，正在规划建设为遗址公园。

【京杭大运河】

今日的京杭大运河最南段过余杭塘栖进杭州，经过拱墅区、下城区和江干区，最后由三堡船闸汇入钱塘江。

京杭大运河杭州段全长 39 千米，在千百年的历史中，融汇了南北各地的特色物产、饮食服饰、风情民俗、官民礼仪等，留下了诸多历史人文景观。

经过多年的综合保护，京杭大运河杭州段不仅依旧承担着货物和旅客运输的重要职能，同时也成为一条韵味独特的文化风情展示区域。河道上依旧跑着驳船和客艇，岸边的石桥古埠、寺塔仓廒、街肆集镇等旧时风物也历历在目。

2014 年，中国大运河被列入《世界遗产名录》，成为中国第 46 个世界遗产项目。中国大运河包括隋唐大运河、京杭大运河和浙东运河。杭州都是上述三条运河的起讫点。

目前，大运河杭州景区两岸形成了以自然生态景观为核心主轴，以历史街区、文化园区、博物馆群、寺庙庵堂、遗产遗迹为重要节点的文化休闲体验长廊和水上旅游黄金线。主要有拱宸桥、桥西历史文化街区、富义仓、凤山水城门、西兴过塘行五个世界遗产点，以及塘栖古镇、小河直街、大兜路、运河天地、杭州工艺美术博物馆群等。

第四章

余杭有佳音

《杭州刺史厅壁记》："杭州东南名郡……水牵卉服，陆控山夷。骈樯二十里，开肆三万室。"

1. "万人迷"刺史和他的自来水工程

杭州作为州的建置以及"杭州"这个具体的命名，在隋代已经宣告完成。但杭州的历史旅途，还远远没有到达终点。

毕竟，它即将迎来的是中国古代历史上最恢宏的时代。

唐武德四年（621），复置杭州[①]；天宝元年（742），又改称余杭郡，领钱塘、盐官、余杭、富阳、於潜、临安、新城、紫溪、唐山等九县，属江南东道，治所在钱塘。

有俗说认为，为避"唐"之国号讳，才改"钱唐"为"钱塘"。其实这一讲法并无确切依据，因为朝代名称本不是一个需要避讳的字眼，唐代州县地名里带"唐"字的也不少，如余杭郡唐山县等。

更确切的理由在于，隋唐帝国整齐划一的大气魄和行政化效率，体现在了各种订立"规范用词法"的"正字运动"当中，于是，之前"钱塘"和"钱唐"混乱的

[①] 隋大业三年（607），改杭州为余杭郡。

杂用通假状态消失了。

乾元元年（758），又改回为杭州，归浙江西道节度使，先领九县，大历二年（767）领七县（废紫溪、唐山），长庆元年（821）又领钱塘、盐官、富阳、新城、余杭、临安、於潜、唐山八县。

此时的杭州，早已是一副"骈樯二十里，开肆三万室"的兴旺景象。到了唐代后期，每年朝廷从杭州所收商税高达五十万缗[1]，几乎占全国财政收入的百分之四。

在元和八年（813），朝廷任命卢元辅为杭州刺史的制文中，已经出现了"江南列郡，余杭为大"[2]的赞誉。

杭州，开始傲视江南，也开始代表江南。

没有人否认，是千千万万普通人创造了历史的不朽。没有人否认，一座城市的际遇，由这座城市里的每一个公民所共同书写和谱就。

但城市也离不开精英、规划者和掌舵手，在一个具体时刻上的管理模式和发展方向，自然会落实到它的第一责任人身上。

这个第一责任人，在唐代就是刺史。

在"刺史"这个话题里，我们只能又一次由衷地抒怀：杭州，真是上天眷顾的幸运儿！

唐代的杭州地方行政长官，大多是京官外任，或者是政绩卓著的邻州刺史调任，直接从下级官员升上来的，只占极少数。由此可见，朝廷对杭州极其重视。

[1]杜牧《上宰相求杭州启》："杭州户十万，税钱五十万。"
[2]语出白居易《卢元辅杭州刺史制》。岑仲勉认为此制文为伪作。

许多出色的政治家、文学家、军事家，都曾担任过杭州刺史：李泌、刘晏、张伯仪、白居易、李宗闵、钱镠、刘幽求、宋璟……他们中的好几位，都会在后文中作为主角。

这样高素质的地方官队伍，毫无疑问，会带来清晰的治理思路和促进国运民生、经济发展的有效措施。

在战乱时期，他们能够坚守城池，保卫一方平安，保障城市秩序与生活的正常运行。

在和平时期，他们轻徭薄赋、劝课农桑、重视水利兴修——西湖被不止一次地疏浚清理，成为杭州农田灌溉的重要水源之一。另据《新唐书·地理志》等记载，唐太宗贞观十二年（638），富阳县令郝砄[①]开阳陂湖；唐德宗贞元十八年（802），於潜县令杜泳开紫溪；唐敬宗宝历年间（825—826），余杭县令归珧开上湖、下湖和北湖；还有临安县开凿官塘；等等。可见杭州境内的水利设施，简直是梅花间竹，遍地生莲。

对城市商业的繁荣，他们也采取了一系列积极的新政。虽然唐代城市仍实行坊市分开，执行宵禁制度，即规定市场交易只能在天亮后进行，但到了中唐以后，随着经济发展、商业兴起，地方官员往往变通执行，因此杭州开始出现了夜市——杜荀鹤《送友游吴越》中说到"夜市桥边火，春风寺外船"，可见这种绚烂的晚上已成为默许的常态，穿越历史中天的星月，遥遥地对应于今天无数种兴奋不眠的霓虹。

① 郝砄，《新唐书》作"郝某"，《光绪富阳县志》作"郝砄"。

当然，这一切的前提都是为了更好更便利的生活，一切的目的也必然指向更好更便利的生活。

所以故事不妨从刚才那串"优秀刺史名录"里的第一位开始说起。

真正福泽万世的民生工程，往往不是一朝一夕、拍拍脑瓜而成的"急就章"，而是代代成果渐次累积的接力赛，是无数人心血浇灌出来的百年大计。百年大计的第一棒又显得尤为重要。

李泌，字长源，京兆（治今陕西西安）人，原籍辽东襄平（今辽宁辽阳），唐代名臣、学者。

细心的读者或许已经发现，李"泌（bì）"、长"源"，从名到字，他好像天生就与水相关。

泌，无声地渗透；源，持久地涌出。它们让你想到了什么？一注汩汩不绝的泉眼？一汪地下水取之不竭的回甘？

李泌开六井（引自《西湖佳话古今遗迹·白堤政迹》）

李泌带给杭州的一切，恰可用这两个字义来概括、来写定。

李泌自然不会料及，在他身后一千二百多年，一部叫《长安十二时辰》的热播剧中出现了他的传奇身影，一位叫易烊千玺的年轻明星充当了他的饰演者。

前者是口碑、评分、网络点击量多线炸裂的爆款热度保障，后者是坐拥八千万微博粉丝的流量担当，于是，李泌一夜之间成了国民偶像，成了万人迷。

他的真实历史形象和相关事迹，也开始被各类蹭热点的网文钩沉索引、津津乐道，其中自然会提及他担任杭州刺史的那两年。

其实，在借重大众传媒和娱乐工业的形象重塑走入千家万户之前，隐于历史帷幕后的李泌，早就有资格作为金牌偶像，闪耀于辉煌夺目的大唐舞台。

大概不少人之前都没注意到，古代教育的入门课本、童蒙识字读物《三字经》里，就记录了他的少年名动：

"泌七岁，能赋棋。彼颖悟，人称奇。"

短短十二个字，颖悟绝群的少年天才，任你想象。

《新唐书·李泌传》则完整记载了这场让他声名鹊起的故事：

玄宗于开元十六年（728）召集儒释道三家高人辩论学问，有一个叫"员俶"的九岁小孩在辩论中脱颖而出，玄宗感到惊奇，就问："童子岂有类若者？"员俶跪答：

"臣舅子李泌。"

就这样，员俶颇有风度地演绎了抛砖引玉的举贤，在强中更有强中手的传奇里，把他舅舅的儿子李泌推至御前。

玄宗马上召李泌入宫。

当时玄宗正与燕国公张说在观看下棋，便要求李泌以下棋的"方圆动静"作诗。小朋友很淡定，看了看四周，说："愿闻其略。"意思是让别人先说吧。

张说于是作诗："方若棋局，圆若棋子。动若棋生，静若棋死。"

李泌立刻作答："方若行义，圆若用智。动若骋材，静若得意。"

行义事的时候，要堂堂正正；用智慧的时候，要考虑圆满周全；才华横溢的时候，要敢于有所作为；志得意满的时候，反而要能静得下来。

李泌的这一回答，流畅、明晰、典正、理趣盎然、余韵悠长，在境界上，还明显高于张说一筹。

玄宗听后大为高兴，连忙赏赐束帛①给李泌，并要求李泌的家人"善视养之"。

绝大多数父母对亲生骨肉都具备充足的"善视养之"的动机，何况是这样聪慧俊朗、人见人喜的小男童。

可是，当这分量千钧的四个字来自皇上的嘱托，呵护这小男童的长大顿时就有了"替朝廷育才"的别样意义——为天下培养日后注定璀璨的栋梁重器。

七岁的李泌就这样成为名满天下的神童。

玄宗知道，这个孩子，一定能给大唐、给百姓、给后世留下一些什么。

任务已认领，诺言的兑现，就以他的成人、成功为期。

他当然成年了，当然成了出色的成人，但他究竟算不算成功，却很难说。

一方面，他确乎位列中枢、国之干城，几度入朝追随皇帝左右，甚至一度官拜宰相。另一方面，他也曾几度被奸臣排挤而退隐于江湖。《新唐书》说他："常游嵩、华、终南间，慕神仙不死术。"你看，看破世态炎凉，都让自己修上道了。

还是那句烂大街的话说得好：他那时候还太年轻，不知道所有命运的馈赠，早已在暗中标好了价码。

等到李泌出任杭州刺史，已经六十岁高龄。此时大概是德宗建中二年（781），安史之乱后，时移势易，所幸没有改朝，但已经几次换代。

华夏的未来，好像并不能在他的肩膀担扛，大唐正在迅速滑落。此后的百余年间，河朔的枭雄、地方的豪强节度使和中央弄权的宦官，会交叠成历史的暗影，久久不明。

宦海沉浮，潮落潮起，看尽成败荣辱，沧海桑田。

再不是那个翩翩美少年，再不是那个大唐万人迷。曾惊艳朝野的小天才，仿佛成了一个遥远到让人恍惚的故事。澄清天下，纵横寰宇，出将入相王者师，青史留名万人知，好像也变成小孩子不懂事时不知天高地厚的笑谈。

但是，总有些人，一生不会对世界认输；总有些事，只要有人愿意去做，就不会太迟。

至少，为官一任，造福一方，这个士大夫的底线性目标，还没有轻易丢掉。

对于杭州而言，等待的时间稍许长了一点。

好在老话说了，好饭不怕晚。

所以这片湖水中，会永远留下一个关于他的故事。孤山不孤，断桥不断，井水不竭，热血不冷，少年不亡。

《旧唐书》评价他"改杭州刺史，以理称"，《新唐书》则说他"徙杭州刺史，皆有风绩"。

虽都未详载李泌在杭州任上的具体作为，但寥寥数字里，一位勤政爱民的能吏，已有了呼之欲出的影子，以及福泽流长的想象。

真正为李泌和这座城市的故事留下确切记录的，是两位名声更加响亮的继任者、两位以文化巨人身份留名史册的贤太守。

李泌在杭州的具体作为在白居易的《钱唐湖石记》中是这样记录的："其郭中六井，李泌相公典郡日所作，甚利于人。”

白居易任杭州刺史是长庆二年（822），也就是李泌离任杭州刺史的约四十年以后。其间，白居易恢复了李泌修建的六井。

白公离杭二百六十余年后，又一位文化巨人苏轼出任杭州知州。他在元祐五年（1090）奏报皇帝的《杭州乞度牒开西湖状》中，对李泌筑六井的意义作了详细的解释：“杭之为州，本江海故地，水泉咸苦，居民零落，自唐李泌始引湖水作六井，然后民足于水，井邑日富，百万生聚，待此而后食。”

“甚利于人”，“民足于水，井邑日富，百万生聚，待此而后食”，说得再清楚不过了，而这一切都围绕着六井。

白苏二公在杭治理疏浚民生水利工程的事迹早已流芳万古，可大家往往忽略了是谁为他们踏出了那决定性和开创性的第一步，是谁给了他们灵感、方向和基础设施，让他们的举措有例可循、有法可依、有管网可用、有地下水可汲。

这多么近似一场接力赛，第一棒就奠定了速度、节奏和领跑优势。

你要做的，只要站在巨人的肩膀上，沿着已经规划好的道路再往前踏踏实实地走上一段。

今天的读者也许会纳闷：杭州这样的江南水乡，怎么还会缺水？

殊不知"有水"和"有饮用水"是全然不同的两回事。

杭州是江海冲积平原，海水下渗，地下水盐碱化严重。在李泌开六井之前，城中用水仍未能淡化，居民日常饮水，只能依靠当时还在城墙外的西湖来回取水，肩扛担挑，步行往返，十分不便。

所以，杭州需要取水点，杭州需要一些井。

这需要李泌来做，或许也只能由李泌来做。

勘查地理环境和水网分布，调研、走访、思考、判断、决策，一切都有条不紊，一切都按部就班，一切都成竹在胸，一切又都在与时间赛跑。那种情绪，与百姓们"盼望饮水又信任刺史能为他们带来饮水"的急切感高度匹配，那种步履不停，与水流在城市血管中的循环流动高度匹配。

他走到西湖边，亲掬一捧西湖水入口，试得此水甘洌，足以养民。

他走遍杭州城区，寻得泉眼数十口，绘出其潜流地下的路线。

他走回官邸，凝神静思，在这个足以养民的西湖和这条地下泉眼的路线之间建立了联系的可能。

最终，他决定以地下泉引西湖水，以井出地下泉。

这与往日里那些就地碰运气的普通水井都不相同。

它们由入水口、地下沟管、出水口三部分组成，采

《西湖清趣图》上
的西湖水口（华盛
顿弗利尔美术馆藏）

用开凿暗渠的办法，先将西湖东岸进行疏浚，把湖底挖成入水口，砌上砖石，外面打上木桩护栏，在水口中蓄积清澈的西湖水，有的甚至还设有可随时开启关闭的水闸。然后，在涌金门、钱塘门之间的市民聚居处，凿成六口井，砌以砖石，作为地下小型蓄水池。再在西湖入水口与出水口当中，挖出深沟，装上竹管，使入水口与出水口相连，引湖水入那六口井。

供水、送水、出水，环环相扣，若合符节，面积大、水量多、水质好，即使以现代的眼光来评估，都不得不赞叹这个管网的完备，赞叹这个先进的供水系统，仿佛天启神授，穿越时空。

壮年男子兴奋地来参与，老弱妇孺兴奋地来围观，破土、下挖，越来越深，清水渗出，一尝，果真沁人心脾。

满城欢颜，奔走相告，这个睿智的刺史竟然从泥里为大家寻得了甘露。

李泌六井，分别叫作相国井、西井、金牛井、方井、白龟井、小方井，它们一举解决了久困杭州的饮水难问题。

六井后又经多次针对性疏通整治，日益成为杭州饮水之基，城中始有"民足于水，井邑日富"之欣欣向荣的景象。

后来，由于杭州地下水质变好，原有六井的功能逐渐减退。如今，其中五井均湮没不存，只有相国井遗址仍在解放路与缝纱路交叉口西。1986 年，杭州市人民政府在原址立石碑记其事，并将其定为杭州市市级文物保护单位；2003 年，又在仁和路与湖滨路交叉口西建唐李泌引水纪念标志，以资纪念。

这就像圣手名医，杏林春暖，信手施针，就打通了任督二脉。

接力赛还在继续着。越来越多的人知道了参与其中的意义和价值，知道了这场跨越朝代、穿越历史的奔跑对这座城市意味着什么。

除白苏二公之外，还有其他许多人，包括吴越国及两宋时期等许多主政者皆参与其中。谭其骧在《杭州都市发展之经过》一文中说："自唐之李泌下迨两宋，凡杭州的贤有司，几莫不致力于导湖浚井。"

更值得一提的是，作为六井的真正水源，在唐以前，西湖其实有很多名字，前文已经述及：隋代杨素建城后，湖位于城的西面。但直到中唐，西湖仍不是唯一的叫法。

比如"钱塘湖",因处于钱塘县境而得名。这在唐代的诸多诗篇中可见,著名的有白居易《钱塘湖春行》。同时,白公诗中也有《西湖留别》,可见唐代是西湖名称变化的过渡期,两种叫法并存,二者皆有。

既然"西湖"之名于唐代正式完成过渡,那么总有某种触发性的机缘。仔细考辨发现,一切还真的与李泌开六井有关。

李泌六井为杭州民用供水开启了一种全新的思路与可能性,大大改善了城内市民饮用水质,加快了城市人口向湖滨一带迁移和聚拢,对城市格局的发展变化产生了重大的促推作用,成为城市治理史上一个里程碑式的工程。

从此,杭州人逐渐聚居于湖的东面,湖才被确定处于杭州人聚居区的西面。"西"这个方位标志,才不再改易。于是,在杨素筑城二百多年之后、李泌修井几十年之后,"西湖"这个名字逐渐深入人心。

到苏轼的时代,正式在官方文件中使用了"西湖"之名。

宋元以降,杭州城地下水逐渐淡化,饮水不再只依赖六井,杭州城最终牢牢确立在湖东的平原地带。

李泌重新定义了杭州,也重新定义了西湖。

无论有没有《长安十二时辰》和易烊千玺,无论有没有《三字经》和那段神童般的传说,仅仅以那六口井为名,李泌都有百分百的资格被树立为这座城市的"万人迷"。

天下苍生，才是真正意义上的"万人"。

心存百姓的人，百姓心中自有你。

2. 一个能打的都没有？大唐就出了"杭铁头"

"朕心意已决，诸位爱卿无须多言。"

咬牙说完这句话的唐高宗，刚吐出一口如释重负的长气，瞬间明白了什么叫作"感觉身体被掏空"。对于生来温和的他而言，这种斩钉截铁的表达方式过于让人不习惯，也过于挑战了自己的性格极限。

他想，自己一直都是从善如流的，一直都是虚怀纳谏的，如此偶尔地强硬一回，大臣们应该明白其中的苦心和执拗，应该多一点体谅和宽容，应该会选择沉默，应该会放过自己。

更何况，这本来就是他的私事，离婚换老婆这样的绝对私事。

这是永徽六年（655）的一次朝会。皇上对几位有分量的大臣第一次公开提出了心中蓄谋已久的念头：废黜王皇后，改立正得宠的昭仪武氏为后。

这武氏是谁，大约不用多加解释。

他下意识地侧身回首，看了一眼御座后的帷幕，他知道她就在帷幕后面，那个叫武媚娘的女子。他已经说不清，自己对这个女子究竟是怕更多一点，还是爱更多一点。

当然，他竭力把这动作做得极致轻微而隐晦，不让那些大臣们发现。

对于那些大臣，他肯定是怕更多一点。

他们是长孙无忌、于志宁，还有今日托病未来的李勣，他们都是先皇留下的辅臣、秉有托孤诏命的元老，他们中的任何一个，在他面前都有近似一票否决的权力。

他们一个个面色阴沉铁青，他们谁都没说话，他不知道这是爆发前的蓄力，是沉默的抗议和宣战，还是仅仅意味着默认通过、隐忍不言？

他惶恐，可他还是有点庆幸：不说话，总比长篇大论的规劝要好；不说话，就说明他们还在犹豫，而没有就地暴起。

"陛下圣鉴错矣！"

有人说话了，该来的总归是来了。果然是这个人，这个最爱顶牛、最喜欢让气氛变得尴尬的杭州人。

这个杭州人，叫褚遂良。

都说他家乡杭州美得很，那么美的地方，怎么出了这么讨厌的家伙？

哦不对，这么说，又太没良心了一点。

许多年前，当父皇想立那个最会花言巧语、一肚子弯弯绕的四哥李泰为太子的时候，满朝文武里第一个跳出来制止的，也是这个耿直的褚遂良。

那时候的褚遂良耿直地进谏，说策立皇储该坚持仁德第一的准则，所以宽厚的九皇子李治才是最合适的太子人选。

"要是没有他这份讨人嫌的耿直，也就没有如今的朕了。"高宗暗忖道。

如今讲到褚遂良，第一个跳出来的身份，总是"书法家"。

他的字，继传统而能有创格，仪正典雅却又妍丽多姿，丰神俊朗却又骨气端详，《唐人书评》誉其为"字里金生，行间玉润，法则温雅，美丽多方"。一时之间，他与欧阳询、虞世南齐名，颜真卿亦深受其影响。就连后来宋代那位不以唐书为意的大书画家米芾，也不吝用最夸张的词句字眼，表达对他的称颂："九奏万舞，鹓鹭充庭，锵玉鸣珰，窈窕合度"（《跋褚模兰亭帖》），字体结构丰美，个性魅力跃然纸外，却又从来内合法度。

他留下的《雁塔圣教序》《伊阙佛龛碑》《孟法师碑》，都是学书者必临的传世不朽的碑刻。

字如其人，人又总受一方水土的养育，那褚遂良这"美丽多方""温雅""窈窕"的字里，注定藏着一个同样"美丽多方"的杭州。尽管他自幼便随父离乡居外，没有任何证据可以在他的书法灵感和西湖山水之间建立确凿的联系，但家乡的意味就在于，不思量，自难忘，无论你是否着意去思念和还原它，它的某些气质总会在你的魂魄中时时泛起。

当然，不只是"美"，还有"法"，还有"合度"，还有"金生"般的内在质地和坚硬。少了这些，他就只永和九年，歲在癸丑，暮春之初，會于會稽山陰之蘭亭，修禊事也。群賢畢至，少長咸集。此地有崇山峻領，茂林修竹，又有清流激湍，暎帶左右，引以為流觴曲水，列坐其次。雖無絲竹管弦之盛，一觴一詠，亦足以暢敘幽情。是日也，天朗氣清，惠風和暢，仰觀宇宙之大，俯察品類之盛，所以遊目騁懷，足以極視聽之娛，信可樂也。夫人之相與俯仰一世，或取諸懷抱，悟言一室之內，或因寄所託，放浪形骸之外，雖

〔唐〕褚遂良摹本（传）《王羲之行书兰亭序卷》（局部）（故宫博物院藏）

158

是个风流艺术家；有了这些，他就同时成为铮铮铁骨的政治家。

一次铁骨铮铮，换来了李治的储位；又一次铁骨铮铮，遭到了李治的忌恨。

平心而论，唐高宗继位之后，对褚遂良其实是非常感激的：先是给予河南郡公的封赏，后又任命其为尚书右仆射，使之成为权倾一时的宰相。

要是没有这次改立皇后事件横插一脚，他俩有足够的天时地利人和，去演绎一段君臣相得的千古佳话。

但如今不一样了，褚遂良成了绊脚石，成了一面逆风飞舞的旗帜，可恨的是，除了权力不在他那边，道义、风评、人心公理还都在他那边。

就在前日，高宗还在武媚娘跟前提起过这个人："朕将立汝为后，只恐大臣不从，如何？"

"陛下为万乘之君，何惧一介之臣乎？"

对啊，问题的关键已经不在于"谁说得对"，而在于"谁说了算"，到底是臣下怕皇上，还是皇上怕臣下。

就在他内心胡思乱想、天人交战的当口，这个杭州人已经俯伏在阶下，发表着义正词严的长篇大论：

"皇后乃名家之女，先帝为陛下六礼所聘，未闻有过，何以轻言废之？先帝临崩之时，尝执臣手曰：朕之佳儿佳妇，咸以付卿。臣不敢忘也。何况武氏，经事先帝，人所共知，天下耳目不可掩，万代之后，谓陛下为如何？

愿留三思……"①

好个讨厌鬼！连武氏曾是先帝才人的前科都敢公然搬出，这是拿着疑似乱伦的罪名公开打了朕的脸，哪还用得着"万代之后"？眼前你就让朕情何以堪？！

高宗把目光狠狠地盯了回去，这是一个"劝你知难而退"的眼神。其实他心里知道，他更害怕的是再扯下去，帷幕后面的那位就快坐不住了。

果然，一声清脆如裂帛般尖利的嗓音，从身后传来："何不扑杀此獠，更待何时？"

大臣们面面相觑，神色骇然，朝堂后面怎么有女人的声音？答案不言而喻。

"臣今忤逆圣意，罪该万死，乞放臣骸骨归田里，然后，陛下可自便矣。"

褚遂良缓缓将手中象笏板搁于身侧，脱下官帽，解去额前方巾，开始无休无止地叩头。

什么"乞放归田里"，你以为你这是示弱服软，你这明明是拿着辞职来要挟！叩头，你就一直叩吧，朕不相信你的头是铁的。

他还真的一直在叩，撞地有声，浑浊的闷响回荡在殿宇中，然后声音有些异变，仔细看，地上有一摊暗红的颜色。

血从额前、从眉骨、从各个地方涌出来，叩头依然没有停止，一切都像一场盛大的行为艺术。

① 事见司马光《资治通鉴》卷一百九十九《高宗天皇大圣大弘孝皇帝上之上》。

像所有正直的读圣贤书长大的官员一样，死谏是他铮铮铁骨中流淌着的最高理想。

头不是铁的，但信念，真是铁的。

在一座城市拥有了实体之后，它还需要拥有精神。

在一座城市拥有了容颜之后，它还需要拥有骨节。

一直以来，人们赋予杭州的想象和描绘，总是纤弱的、柔和的、细腻的、妩媚的，在美这个维度上，它已经具备了所有正面性，成为不可复刻的样板与模范。

但人们很少把它和一些硬度、厚度、力度层面的词语联系起来，就像我们很少把坚韧、刚毅、不屈不挠放置在它之上。

难道真的是这样吗？一个伟大的名字后面，不该只有一种素质和一个层次，还该有另一些注脚与征象、另一些支撑者和诠释者。这些"诠释者"从来不畏惧"权势者"。

比如，这个朝堂上满脑袋鲜血淋漓的褚遂良。

20 世纪 80 年代，《北京晚报》记者苏文洋撰写《钱学森在美国（1935—1955）》一书时，这位历经五年软禁却矢志不渝要返回祖国的、以毕生之力投入"两弹一星"事业的科学赤子，笑眯眯地带着乡音说道：我们杭州人头硬，叫"杭铁头"。

"杭铁头"，原来杭州还有这个词，这个金属般硬核的词，同样可以拿来也应该拿来阐释杭州。

这份铁一样的硬度，从唐代就已经立下了无数基石。

很多人会质疑，杭州在隋唐迅速发展，除了各种天时地利的客观因素，相对安定的环境和未受大的兵燹之灾，起到了相当重要的作用。

但是，中唐以后，明明是有许多叛乱发生于江浙，发生在杭州周边的。

在震惊天下的安史之乱里，江南也未能幸免。至德元载（756），永王李璘叛变，率军东进，吴郡太守兼江南东道采访使李希言兵败，南奔到余杭郡，找到自己的老部下、暂代余杭郡守的刘晏，共商抵御之策。他们组织余杭郡百姓就地取材，加固防御工事，坚壁清野，同仇敌忾。不久永王在前线打了败仗，想回兵洗劫各郡县，正要把余杭郡定为掠夺的首选，从细作口中听说了李希言和刘晏在余杭郡的部署与守备状况，就没敢去碰，而选择避其锋锐，改道从常州西逃。

五年后的刘展之乱中，杭州守军李藏用、温晁等全力守城，再次未让攻城者得逞。

宝应元年（762）十月至广德元年（763）四月爆发了袁晁起义，起义军攻占温州（治永嘉，今浙江温州）、明州（治鄞县，今浙江宁波），尽有浙江东、西道（大致包括今江苏、浙江、安徽、江西四省部分地区），大半个东南地区都暴露在战火之中，唯独睦州（治建德，今杭州建德市）刺史张伯仪，率领各军主动出击，经过十余次交战，平乱成功，使得杭州一带安然无恙。后张伯仪也因战功彪炳，调任杭州刺史。

也就是说，细作统计的话，自武德七年（624）唐军南下平定辅公祏起义（此时唐朝才刚刚建立不久），直到唐末的黄巢起义，这漫长的岁月里，无论治世、中兴还是衰落，杭州几乎没有受到大规模战乱的袭扰：安史之乱未曾直接影响杭州，江南地区爆发的李璘之乱、刘展之乱、李锜之乱、袁晁起义，虽然规模不一，各有各的破坏力，却均未曾直接攻陷杭州。

这是杭州的幸运，也是杭州的坚挺。

坚壁清野、同仇敌忾，这样的描述在杭州的历史上出现得好像不多。

没敢去碰、避其锋锐，这样的震慑力在杭州的历史上却如此真实地存在过。

可以说，一辈辈的铁头们组成了钢铁一般坚不可摧的城市。

褚遂良得罪高宗和武后，被贬离开长安的时候，额头的伤痕应该还没痊愈，但他内心的那份坚固，就同不可攻陷的杭州城一模一样。

褚遂良是被赶走的，有人却是主动申请离开的。

天宝二年（743）十二月，当四海八方的文士、才子、豪杰、富户都在踮起脚尖，垂着口涎，争先恐后地觊觎长安城里一个属于自己的位置时，偏偏有个叫贺知章的怪人，竟然上表乞请返回故乡，而在这之前，他已经在这个当时世界上最大的城市里风风光光地生活了五十年左右。

他的家乡是越州永兴，今天的名字，叫作杭州市萧山区。

自己要走的和被赶走的，当然不一样。贺知章走得很风光，天宝三载（744）正月，皇上作诗以赠，百官设宴饯别，欢送这位八十六岁的老人。

八十六岁，在"人生七十古来稀"的时代，这也算是个神仙级别的岁数。

八十六岁的他不会在乎这份荣宠，应该说，他从来没在乎过，所以已活到了八十六岁。

不过他不会拒绝这样的宴会，因为他嗜酒，整个长安的人都知道他嗜酒。

这一日与他饮酒的都是晚辈，他那个时代的人，好像只剩下了他自己。

所以他喝多了以后，恍惚地看见了当年的一次欢饮、一次真正的酒逢知己，那里面，有一个值得与其共醉的忘年交。

贺知章三十七岁状元及第步入长安，后官至三品，担任太子恩师，长安留下了太多值得他乘着酒兴去抚摸把玩、梳理回望、罗列吹嘘的东西，可他最后想起的，偏偏是那个布衣。

那个布衣叫李白。天宝初，那个布衣也带着梦想来到了长安。那个布衣无官无禄，可诗作早已流传于坊间各处。

贺知章与那个布衣萍水相逢了，然后就是一见倾心，读罢这个布衣呈上的《蜀道难》，他惊呼其为"谪仙人"。这个词儿，伴随着那个布衣，穿行在后世的文学史中。

杭州人贺知章熟悉的是江南烟雨杏花中的港汊和水网，可他就是能读懂"上有六龙回日之高标，下有冲波逆折之回川"的壮阔，与"黄鹤之飞尚不得过，猿猱欲度愁攀援"的奇险。因为他胸中自有一望无际的山河，因为他也是一个"杭铁头"。

切磋诗文，免不得觥筹交错，酒酣之时，贺知章发现自己没有带钱。

是啊，这样不羁的人格，钱算得了什么，谁会天天记着把那些阿堵物①揣在身边。

倒是李白有点尴尬，他还不习惯京城的豪华与孟浪，在这里的酒肆赊欠，是他无法想象的危险。

只见贺知章微微一笑，取下腰间所系的金龟丢给酒家："这个给你，换酒来！"

金龟是皇家所赐饰品，标志着官衔和品级，但是在一场不醉不归面前，它就这样轻易地被当作了抵押物。

他知道自己是个疯子，他知道眼前的这位"谪仙人"也是，他们都不在乎身外物。这时的他们还没疯得太厉害，却因为某种相似的"病征"而彼此投契，为将来要共同演绎的一切提前准备好。

这位"谪仙人"日后醉卧宫中，让杨国忠研磨，让高力士脱靴的时候，一定想起过这个瞬间。这个瞬间让他读懂了长安，读懂了这个纸醉金迷的城市里，诗歌在

①阿堵物，语出《世说新语·规箴》，指钱。

权力面前可以取得的尊严。

总有人选择一辈子不与时代握手言和，褚遂良用的是耿直，贺知章和李白用的是狷介。

"铁"头，在这个瞬间里，比"金"龟更加耀眼。

柔和的杭州，在这个瞬间里，向浩瀚的长安证明了自己的内力。

后来，他们俩一起被写入了一首叫作《饮中八仙歌》的神奇诗作里，分享着相近的句法和修辞，还无一例外地以随遇而安地睡去作为落笔："知章骑马似乘船，眼花落井水底眠"；"李白一斗诗百篇，长安市上酒家眠"。

"水底眠"，与"酒家眠"相比，孟浪得还要更彻底、更无忌些。

这首诗的作者是杜甫。原来，大唐甚至是整个中国古代最有名望的两位诗人，竟然都以这位长安第一潇洒客作为偶像。

淡泊、散漫，天子呼来不上船，眼花落井水底眠，在至高的权力和极大的诱惑面前，在蝇营狗苟的众生和熙熙攘攘的利禄面前，就这么我行我素着，玩过了整个盛唐，这大概也算是一种"铁头"。

但贺知章知道，佯狂是一场以攻为守的轮盘赌。他比李白距离权力中心更近一些，所以他的行为艺术要担负更大的风险。

嫉妒、猜疑、不满，这风刀霜剑都会在看不见的地方悄悄聚集，为你们的才华出众，也为你们的活力满满。

很多人都感慨贺知章仕途顺达，但事实上，直到六十三岁的时候，他还只是个负责祭祀的从七品上的太常博士，和状元及第、万众瞩目、华丽登台的前半生相比，拿到仕途入场券之后的贺知章，在这个其实本不该来的舞台上，实在是蹭蹬得紧、磕碜得紧、寒酸得紧。

高开低走，这样的人生落差，但凡有点血性的诗人，都会有点不甘、有点落寞，都会写点诗发发牢骚。比如，后来被誉为唐朝田园诗第一人的孟浩然，在寄情山水之外，也有过"不才明主弃，多病故人疏"（《岁暮归南山》）的牢骚之词。

美玉无人识，是这个群体共有的境遇，也是这个群体必发的自嘲。

但贺知章没有，他宁愿用时光蹉跎来宠溺自己的酒瘾和潇洒，无论在七品小官的任上，还是在庙堂之高的殿上，他都悠闲自得。

不争为争，最后，他竟然熬了出来。不对，"熬"这个字太不适合他。

唐玄宗懂贺知章的狂，看似与世无争的背后，是贺知章坚硬如铁的孤高气节；而贺知章也懂唐玄宗的喜怒，所以终其一生，都小心翼翼维持着自己的尺度，在伴君如伴虎的封建社会里，自始至终都未曾受过君上的斥责。

于是，他赢得了这个衣锦还乡的资格，赢得了与杭州重逢的资格。

经历了武皇篡权，经历了状元及第，经历了唐隆政变，又经历了先天政变，他在开元盛世的余韵中告别庙堂，回到故乡，捎带手儿，还躲过了安史之乱。

不得不说，有时候，那些醉了一辈子的人，其实最清醒。

褚遂良就没有那么幸运，他终其一生，也没有能够再回到杭州。

但他应该不会后悔。他用后半生的飘零，证明了自己对得起杭州赋予他的头颅的硬度。

那场朝堂上的铁头死谏，最终成了一场无味的表演，武则天如愿当上皇后，褚遂良也意料之中地被赶出朝廷，外放潭州（今湖南长沙）。

嗜血的权斗没有要走他的性命，却也没有就此罢手。

两年后，褚遂良又被污蔑参与谋反，遭贬到更南的南方、更边的边陲——爱州（治今越南清化）。

蛮荒烟瘴之地，水土不服，生计艰难，他一度给唐高宗写信：追忆完自己曾经的尽瘁国事，索要的，也无非是一点秦岭的土蜂蜜——难道他是想确证，这世间还有一点属于甜和柔软的东西可以留给自己？

结果，这点小小心愿，一直到死都没有得到回音。

柔软不属于他，他是"杭铁头"。

① 一说褚遂良卒于 659 年，如张怀瓘《书断》："显庆四年卒，年六十四。"

658 年①，褚遂良病亡在流放地，终年六十三岁。

他的两个儿子也先后被武则天找了借口杀死。

直到四十七年后，唐中宗才为褚遂良平反，追谥"文忠"，后来唐德宗还将他的画像供入凌烟阁——这样的归宿，是唐朝功臣耆宿们人生落幕时最高光的华章。这时已没多少人记得起，这巍峨的凌烟阁中，那"功高宰辅"和"功高侯王"的笔迹，还是李世民当年请褚遂良写的。

就像已没多少人记得起，他原本只是个书法家，是个有资格和天分与美相伴一生的人。

写这些字的那一年，他正意气风发，觉得自己能为大唐留下的，绝不仅仅是书法。

一生辛劳和委屈，换来的只是更体面的消亡，这故事落在贺知章的眼里，也许只剩下荒诞。

所以，褚遂良没能回去的地方，贺知章回来了，带着那首被后世传诵到地老天荒的《回乡偶书》。

"少小离家老大回，乡音无改鬓毛衰。"年少得志，名动乡关，于是离开，理想是这个美丽的小城装不下的东西。回归家园时，却已鬓染飞霜。

几十年风雨，他有他的淡然和从容，也有他内心的不甘和波澜，唯一没有改变的是乡音——直到今天还有人说，杭州话是很奇特也很好听的，有点吴语系的软糯，却又藏进了北方的硬气和利落，这不又是和"杭铁头"同工异曲的东西吗？——贺知章当时说的，大概就是这样的"乡音"吧。

家乡还认识他吗？杭州还认识他吗？说不好，他只

贺知章故里

看到了"儿童相见不相识"的无奈。"这位老者，敢问您从何处而来？"一句无心问语，戳穿了他心尖最软的部分。

望向斜阳，一抹自嘲的浅笑后面，终于掺进了一点老泪浑浊、一点黯然神伤。

他竟然也会哭？他不是只会喝醉了大笑，然后去梦中浅笑吗？

原来能打动"杭铁头"的，只有对杭州的眷恋本身。

天宝六载（747），贺知章已经神隐人间两三载，一生浪迹天涯的李白南行到浙江，睹物思人，想起了自己和这位老大哥的那些如风旧事，一时百感交集，写下了著名的《对酒忆贺监二首》，有句云："四明有狂客，风流贺季真。"

对李白而言，他一生见过的绝妙风景和绝妙人物太多，但当他回忆起跟贺知章的相逢时，仍然恍如昨日，久久难以释怀。那是封他为"谪仙人"的忘年交，他也用自己的天纵诗才，为贺知章的一生作了最好的注脚。

我想贺知章听到李白这首诗的时候，一定会畅然大笑，若身旁有酒，也势必会满斟此杯，跟李白大醉一场。

有此狂客，有此风流，有此知己，一切足慰平生。

财富、权势、功名利禄，都不足以打动"铁头"，只有快意人生的豪饮，配得上浇灌"铁头"，以及"铁头"下的一整具傲骨。

请李白放心，杭州没有忘记他们，就像世界没有忘记他们。

今天的杭州，有贺知章学校，还有褚遂良书画院。

人们在这里学习文化，学习艺术，学习那些大写的人格和铁一样的气节。

至情至性的人生再也没有了，但"杭铁头"精神永远流传了下来。

能让这座城市走到今天的，除了美，还有富贵不能淫、威武不能屈、贫贱不能移，还有无所畏惧，还有百折不挠，还有宁折不弯。

3. 诗人刺史的自我治愈：
长安居弗易，且来绿杨阴里筑条堤

白居易二十九岁那年的春天，也是长安城桃红柳绿、生机绚烂的春天，是进士科放榜的春天，是得意的新举子们赴罢琼林宴、成群结队到大雁塔下题咏抒怀的春天。这个城市里走来过太多这样风华正茂、才华横溢的少年，他们对人生和世界充满着纯真的爱恋和信念。白居易当然也不会例外。

他满心想着从此在长安城里做个受人尊敬的大官，为朝廷出力，并买一套属于自己的房子。以他的才学和起点、他的诗文与书卷，未来仿佛伸手可及，近在咫尺。

他没想到他会去遥远的南方，尽管那里很美，那里比长安还美，而且那里会在他的手中变得更美。

美从来不是世界的必需品，而是奢侈品。和他那些建功立业的抱负相比，美显得过于纤弱与短暂。

但他的人生，注定要和美，也理当和美绑定齐观。

据说，白居易的母亲患有精神分裂，当时人说话留面子，拐弯抹角地称之为"心疾"，后来人估计，多半就是间歇性失心疯的意思。

才华盖世的少年，有个动不动就会发神经的母亲，这个故事从起点上就不符合我们预期的美好浪漫，一提笔便远离了千古佳话。

还有更不堪的：白居易的父亲，是他母亲的亲舅舅。[①]这个匪夷所思的关系，说起来都嫌拗口。纵然唐

①这是罗振玉等人的观点。另有岑仲勉等人认为他们是中表婚。

代世风开放、不拘小节，这依旧是可定性为近亲乱伦的奇葩婚配，有些爱传八卦、爱嚼舌根的旁人难免借题发挥，把他母亲的生理毛病和这联姻本身的污点作一点现世报般的对应、与心照不宣的因果勾连。

天生就是诗人的灵魂，天生就早慧、敏感的性情，带着那天生的敏感去承受这些天生的自卑，把那天生的早慧拿来作天生苦命的应对，真是很难想象，白居易度过了一个怎样的童年。

二十三岁时，父亲白季庚在襄州别驾任上去世，一家人失去了仅有的经济来源，白居易顿时成了责无旁贷的家中顶梁柱，带着一家大小，长途迁徙，搬回渭南下邽，投靠太祖父的族人。

这就是他生命里最初的时光，他远远还没到达杭州之前的时光。

有的人一生都在被童年治愈，有的人一生都在治愈童年。

在白居易的"一生"里，这份"短缺感"、这个需要"治愈"的童年，会挥之不去、相伴始终地存在。

有人讲，白居易和杭州之间就是二美必合的天造地设，殊不知论起上天的赐予，白居易比杭州要不幸得太多。

杭州与其说是白居易锦上添花的底色，倒不如说是他与命运的一次契机，一次终于等到的握手言和。

文人看重洒脱和浪漫，很喜欢经营淡泊名利的人设，但事实上，白居易几乎为"养家糊口、柴米油盐"操心了一辈子：

他出生的时候，家乡正陷在战乱里，这个朝代最美好的时段刚过去不久，"忆昔开元全盛日"的传说，还萦绕在每一个热衷怀旧的老人口中，萦绕在里巷旧闻的追怀里面，但一切都太像神话般缺乏实感，辽远得仿佛隔断了一整个世纪。

他自幼聪颖，一早就懂得用最冷静又最热络的目光去建立第三视角观看人间，然而他看到的，没有沉溺，没有忘情，没有醉生梦死和及时行乐，只有藩镇割据、烽烟河朔、宦官弄权、朝内党争、四夷蠢蠢欲动，只有卖炭翁、琵琶女、刈麦的农人、生民的病苦。

他年轻时千里迢迢去浮梁向长兄要钱，奔波两千五百里，讨到的钱米却少得可怜，换船傍岸、借住江边、风雨长夜，如果心境旷达、游目骋怀，风景原本也不坏，可他哪有这样的情绪和从容，所以他写下的是《伤远行赋》，笔下都是那个贫病交加的家，都是母亲的挂念和弟妹们的生计之艰。

他来到长安，带着诗稿去拜会名士顾况。顾老先生看到"白居易"三字，开了那个其实挺伤人的玩笑："米价方贵，居亦弗易。"①

当然，等到翻阅"离离原上草，一岁一枯荣。野火烧不尽，春风吹又生"（《赋得古原草送别》）的句子时，顾况会击节叫好，补上一句："道得个语，居即易矣。"

才情是掩不住的"傍身物"，但有时候，也未必就能靠它作为"安身物"。顾况知道这年轻人不可小觑，知道这年轻人需要信心和鼓舞，但讽刺的是，他鼓舞他

① 〔唐〕张固：《幽闲鼓吹》，文澜阁《四库全书》本。一说"长安米贵，居大不易"。

我从山中来

HANG ZHOU

的两句话，远不如他调侃他的两句话来得出名。

对这尘世上的绝大部分人而言，那句玩笑就是个大实话：长安，真的是"居亦弗易"的地方。

何况十几岁天纵英华的美少年，难道不该写绚烂的花朵、盛放的春华、琳琅的宫室车马、忘情的游春与灯下的美人？为啥写的是无情的野火，还有那些被烧尽还要咬牙再次破土的杂草？

这里面本身不就藏着无限伤情？

他还不知道，南方的一个城市里，早莺、暖树、新燕、春泥、绿杨、白沙、水面、云脚，以及无数次"行不足"的流连，正在默默等候着他。

他一定以为，这些温柔是与他颠沛的生活注定无缘的东西。

白沙堤旧影

他在京城的第一份工作是校书郎，晚上在宫中熬夜加班，一不留神，就成了今日所谓"社畜"，成了大城市里背井离乡的"996"青年。他哀叹"薄俸未及亲，别家已经时"（《思归》），思念越来越重。

后来他好不容易当到御前谏官——拾遗，开始在皇上身边任职，机会极佳，唐宪宗开恩，亲口问他接下来的打算——他要了个谁都想不到的京兆府判司之职，原因只是钱多、离家近，方便奉养母亲，真是一点都不浪漫，一点都不像我们固有印象里那个白衣如雪的他。

他写了《长恨歌》送给已作古的玄宗皇帝，恨其倾国，又惜其不幸。他清醒地知道回不到当年，就像已走上下坡路的大唐。

他好学不倦，读书到口中生疮，写字到手心起茧。他还是相信自己有机会去改变一些什么，挽回一些什么，就算不为了大唐，也要为了自己。

他还是在长安居住了下来，只不过确实一直很不易。

将近知天命之年，他还是主客郎中、知制诰，接待外藩使者，兼职为皇帝起草诏书，看起来似乎人尽其用，守住了每天跟墨水打交道的创作型人格，其实也不过就是文书小吏。后来朝廷又给他加了朝散大夫的闲官头衔，似乎是聊胜于无的安抚。

唯一的进步，是终于脱下了贬居江州时在《琵琶行》中自嘲过的青衫，穿上了从五品上的绯色朝服。

此时距离他"离离原上草，一岁一枯荣"的名动文坛的成人礼已经过去三十多年。

他依然没能等来属于自己的"春风吹又生"。

所以他有时也会想：自己的抱负，能不能换一个方式来实现，一个更具体、更微观、更务实的方式？

比如，既然没机会兼济天下，又不甘仅仅独善其身，那有没有可能在"天下"和"其身"之间找到一个折中的坐标，比如，好好地去经营一座城。

天不负他，年已半百了，他等来了属于他的那座城。

出任杭州刺史，看起来不过是一次简单的外派。

但对于中国诗歌史、文化史而言，对于杭州建城史、西湖景观史而言，这个任命都是有划时代意义的。

他终于看到了一个让他精神松弛的地方，一个没有那么多风刀霜剑、尔虞我诈的地方。这里离政治中心很远，却离美很近。这里只有湖水、日色、微雨、花树。这里让他迷离、恍惚，感慨万千。他好像觉得，就忘记那个遥远的长安，在这里停下，也不错。

一时间，他说不清，这里和长安，哪个更接近梦一点。

在一个神奇的传说里，他到了杭州之后，去拜访过一位蜚声海内的隐者——鸟窠禅师。

这位高僧住在树上的草舍里，摇摇欲坠。

白居易不无担心地提醒："禅师啊，你的住处很危险。"

禅师笑道："大人，我不危险。我看你治理一方，倒是很危险。"

白居易问："那我该如何才能不危险呢？"

鸟窠禅师说："很简单，诸恶莫作，众善奉行。"

是啊，经营一座城有什么诀窍呢？说白了，不过就是最简单的八个字：诸恶莫作，众善奉行。

再简括一点，变成四个字：兴利除弊。

一生在诗作里实践"辞质而径、言直而切"的他，最明白，是极简主义的力量。

于是，走马上任的第一件事就得先弄清：在杭州，究竟什么是利，什么是弊。

他开始走访调查，与普通人对话是他的专长，要知道他的诗都能一直修改到让路边的老婆婆听明白。吴语有点难懂，花些心思去习惯就好。

结果，百姓们的回答让他大吃一惊：当前之杭州，最大的弊竟然是西湖！

西湖，这不是杭州的灵魂吗？这不是他一到杭州就深深为之心折的所在吗？

哦，人们不是说它风光不好，而是说它不听使唤，一个不听使唤的湖泊，已经没人有闲心去留意它的风景。

风景是文人的奢侈消费，普通人当然也有资格拥有风景，但前提在于解决那些更迫切的问题，比如生存，比如生产，比如生活。

原来西湖疏于治理多年，废弛成了水患：

每逢大旱之年，西湖水浅，无法引水灌溉，湖畔庄稼尽皆旱死；每逢大雨之年，西湖水涨，直接形成了洪涝，湖畔庄稼尽皆淹死。

两头不讨好，莫过于此。

这也决定了治理的困局：同时摆在你面前的是旱与涝两种灾殃，一个需要补水，一个需要节水，它俩指向截然相反的方向，你从它俩的具体需求出发，所分别得出的应对之策注定是互为悖论的。

诗人刺史开始在这片湖水旁流连，确切地说，是开始一种新形式的流连，一种从意境、氛围、情怀里暂时抽离出来的，带有思考和研判的流连，一种在腹稿里重新划定区域和摆放位置的流连。

湖畔独步、湖上行舟，踏遍岸旁的每一寸泥土，在每一株绿柳下久久驻足，和一派自然图景对视。这些事情以后会频繁地记录在他的诗歌当中。但现今，他带着更紧要的目的——赈济苍生的目的，实用主义的接地气的目的，不算浪漫却功德无量的目的。

当然，他知道一己的思索是不够的，所以他访问当地居民土著，召集乡绅和老者建言献策，每晚把自己锁在官邸内，苦读各种典籍上的治水方略。

终于，他得出了一套良法，一套可以在旱与涝之间随机调拨、动态平衡的良法。

他的计划是：在湖上修一条堤，把湖面切割成两个板块，用其中的一个板块作为另一个的调节器，平日蓄水，以备旱时，如遇暴雨，则开闸放水，以泄水势，以绝水患。

这在兵法上，唤作互为掎角之势，彼此救应。

只是，此方案甫一提出，便遭到了一大波反对的声浪，这声浪来自那些久居杭州本地的官员们。

人说外来的和尚好念经，那是因为当局者迷，需要新的视点和思路来打破那些僵死的铁板一块。可外来的和尚也往往难念经，那是因为他要面对一个盘根错节的本土，那里面有因循守旧，有故步自封，有既得利益，也有对初来乍到者本能的拒斥和怀疑。

在《钱唐湖石记》里，白居易记下了这些反对者的持论："俗云：决放湖水，不利钱唐县官。县官多假他词，以惑刺史。或云鱼龙无所托，或云茭菱失其利。"

若是"茭菱失其利"——莲藕菱角因此枯萎，还属于缺乏自然知识的担心过度和杞人之叹。

那"鱼龙无所托"的"不利钱唐县官"——破坏了风水龙脉，对在此处当官者的仕途命运会造成负面影响，就真真是无稽之谈。

若要牵累仕途命运，白居易自己作为这座城市的第一责任人，才是最该担心、最该有顾忌的。但他当然不会担心，他当然对这种反智言论不屑一顾。

他轻笑、摇头，环顾四周，绵里藏针，不怒自威，缓缓地回答了两句话：鱼龙与生民之命孰急？茭菱与稻

西湖圣塘闸放水旧影

粱之利孰多？

与关系全城经济命脉的粮食种植相比，一点莲藕菱角真那么值得留恋吗？——账算到这一步，你们该没有借口了。

子不语怪力乱神，风水龙脉这样无从查考证实的、扰乱人心的愚顽虚妄，与周遭百姓的生命财产安全相比，又孰轻孰重呢？——这一句更是掷地有声、正气凛然。

那么，就开工吧。无可争议地、热火朝天地、真抓实干地、只争朝夕地开工吧。

将淤浅的葑田挖开，增加出水率。

将旧有湖堤"高加数尺"，以增加库容量。

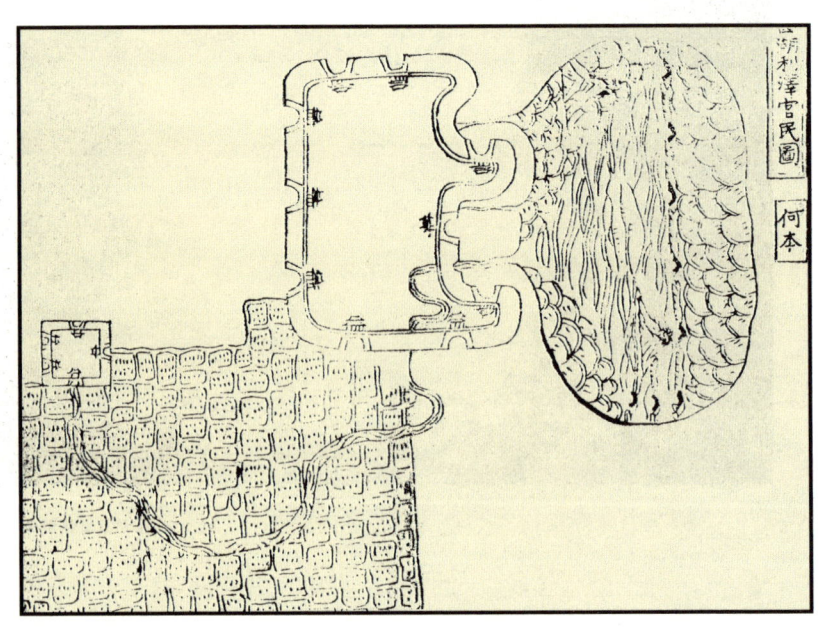

西湖利泽官民图（引自杨孟瑛《浚复西湖录》）

在湖北、湖南修建了函、笕，以便排泄洪水，保障湖堤安全。

李泌开凿的六井，此时已经年累月逐渐壅塞，白居易请了匠人重新疏通，又一次续上了引西湖水入城的接力工程，为杭城百姓再次解决了饮水难问题。

在此基础上，更以江南运河为灌溉干渠，与下游诸多湖泊联合使用，灌溉钱塘、盐官一带土地千余顷。

尤其是那些开挖出的葑泥，按照白刺史最初的设想，在湖心堆叠铺砌、绵延展开，仿佛绕腰玉带般筑成了长堤。

西湖第一次那么明确地被分出了区块，而那些游赏者第一次发现，不用舟楫，仅靠步行，也可以笃定地走到西湖的中间。

白居易所筑之堤，被称为"白公堤"，《新唐书》《西湖游览志》《湖山便览》等历史文献中均有记载。沧海桑田，风物变迁，这条白公堤的位置大致在今宝石山麓至湖畔居一线[①]，原堤早已不复存在。

可是，后世的景仰和追念，好像总要有个具象的附着实体，于是，一个借花献佛之事在口耳相传的时间弧度中悄然发生：湖上原本就存在的另一条唤作"白沙堤"的长堤，从此便成了"白堤"。

这就是今日湖上著名的景观——白堤，向白居易致以永恒敬意的白堤，古代从断桥连到西泠桥的白堤（含今孤山路），可近望保俶塔、远眺雷峰塔的白堤，与湖中三岛隔水相对的白堤，白娘子第一次邂逅意中人的白堤。

① 参见施奠东主编《西湖志》卷五"白公堤"条，上海古籍出版社，1995年。该志书中另存他说，可以参考。

有些人至今还固执地认为，此白堤就是白居易所建之堤，其实这是一场美丽的误会，就像苏东坡和赤壁的关系那样。它们发生的前提，只是因为那两位诗人过于光芒璀璨，他们留下的事功和词句过于深入人心。

所以，西湖和杭州，好像都在一定程度上默认了这个误会。

自此，西湖从自然的潟（xì）湖蜕变为人工湖，也第一次获得"城市外置水库"的功能，将生活用水、农田灌溉和运河给水聚于一身，具有了全新的历史意义。

经此工程，白居易还专门撰写了前面提及的著名文章——《钱唐湖石记》。这可称是一篇关于如何使用堤坝蓄水、放水和保护堤坝的总结思考和使用说明，也可视作第一部关于西湖的管理法规。

这篇详细记录他心得和心血的报告，被镌石作碑，立在了西湖岸边："予在郡三年，仍岁逢旱，湖之利害，尽究其由。恐来者要知，故书于石；欲读者易晓，故不文其言。"

依然是为了"读者易晓"，依然是"不文其言"，就像他那些明白晓畅、平实如话的诗歌。

2013 年底，浙江省委、省政府作出了治污水、防洪水、排涝水、保供水、抓节水的"五水共治"决策部署，以治水为突破口，倒逼产业转型升级。其实，很多人已经不记得，早在一千多年前，这片土地上就已经留下了关于水资源治理的宝贵经验。

《钱唐湖石记》里，有那么几句常常被忽视的细节：

"若岁旱，百姓请水，须令经州陈状，刺史自便押帖，所由^①即日与水。若待状入司，符下县，县帖乡，乡差所由，动经旬日，虽得水，而旱田苗无所及也。"

大旱之日，百姓是需要向官府申报才能等来开闸放水的，而机构臃肿、人浮于事、踢皮球、拖延症，级级上报、层层批复，等到水放下来，秧苗早已旱死没救了。

所以，在这位开明、练达、平易近人、体察民情的刺史这里，这套繁琐的程序被简化为：可以越过县、乡两级，直接到州衙要求放水，不必要的环节尽数省略了。

而且，白刺史还规定"先须别选公勤军吏二人，一人立于田次，一人立于湖次，与本所由田户，据顷亩，定日时，量尺寸，节限而放之"，也就是采取量入为出的措施，节约使用，确保水源充足。

2016 年底，浙江在全国率先推出"最多跑一次"改革，通过"一窗受理、集成服务、一次办结"的服务模式创新，让企业和群众到政府办事时，实现时间精力的节省和效率最大化的行政目标。很多人又已经不记得，早在一千多年前，白居易就推出过类似的便民举措。

湖水青山静默无言，不变的是这座城市的温情和智慧，是它孕育了一代代的善治和美政，一代代利国利民的佳话。

白居易在杭，励精图治、勤政爱民，可行止坐卧间，仍不改书生本性——"起尝一瓯茗，行读一卷书"（《官舍》），简朴、素雅、淡泊，恍若这座城中水墨画般的湖光山色，留下了业绩，留下了敬意，也留下了白衣如雪、风流雅致的人格。

①所由：唐代一般指胥吏及差役，因事必经由其手，故谓之"所由"。吏役多属府县，故府县官亦有"所由官"之称。

三年之后当他卸任离去时，"俸钱多留守库，继守者公用不足，则假而复填，如是者五十余年。及黄巢至郡，文籍多焚烧，其俸遂亡"①。挥一挥手，不带走任何私产，积攒下的俸禄余额尽皆存在了府库，后来的官员有了公务开支，还能继续支取使用，这笔钱竟然一直滋养和补益着杭州的市政建设，到五十余年后黄巢之乱时，才在战火中彻底消失。

他真心爱着这座城市，他带不走这里的风景，便选择了这样的方式久久地留下自己。

百姓们都来送他，拦马牵衣，捧酒遮道，依依不舍，泪落如雨。他感动、伤怀、无从自遣，只能用他最熟悉和最擅长的方式——研墨蘸笔，写下一行行文字。

这就是《别州民》："耆老遮归路，壶浆满别筵。甘棠无一树，那得泪潸然。税重多贫户，农饥足旱田。唯留一湖水，与汝救凶年。"

还有《西湖留别》："翠黛不须留五马，皇恩只许住三年。""处处回头尽堪恋，就中难别是湖边。"

古往今来，诗人们早已写尽了离愁别绪和儿女情长，可很少有像这样的大爱与不甘。时代和王朝好像都在走下坡，他无力扳回这种颓然，所以只能哀叹自己努力太少，哀叹自己没有让"税重"被革除，让"贫户"和"农饥"彻底消失。他明明已经做得很好，可他把自己在这座城市里的一切付出都轻描淡写地归结为一湖水，一湖大约能够"救凶年"的水。

他缀满了一身巧夺天工的文采，却也懂得，有些最具体的事情和最具体的爱，不需要太多夸饰和装点。他

①〔宋〕王谠撰，周勋初校证：《唐语林》卷二《文学》，中华书局，1987年。

我从山中来 HANG ZHOU

186

在这里捧出过全部的赤诚和辛劳，他需要的是直击主题的总结、代代相传的经验。

他没说错，这湖水会一直承载这座城市的梦想和荣耀，这湖水里也一直会浮动着他的音容。这湖水，就是他为这座城市选定的精神信仰本体。

在被权力一次次摔打和伤害之后，在被世人一次次称颂和误读之后，"为天下苍生做过一些有价值的实事"，这一点最被他看重的部分，由杭州和西湖来提供永远的依据。

白居易晚年住在洛阳，拿工资，不干活，他对国家的责任感，消磨成对大宅子、漂亮姑娘和替自己编文集的强烈兴趣。

不知道，这是不是离开杭州之后的曾经沧海难为水。

当然，他还热情地提携后辈诗人。

老朋友令狐楚第一次把自己的幕僚李商隐介绍给白居易，一把年纪的白居易对面前年轻的天才惊为天人，连连说"我来生给你做儿子"。李商隐后来生了一个儿子，小名取作"白老"。[1]

文人之间放浪形骸的佳话太多，却很少有哪个这么蠢萌，这么没大没小。

当然，很多事情绕来绕去，还是要回到杭州和西湖之上。

所以作为这段忘年友谊的见证，李商隐为白居易所

①〔宋〕胡仔:《渔隐丛话前集》卷十六引《蔡宽夫诗话》,文澜阁《四库全书》本。

〔唐〕李商隐《刑部尚书致仕赠尚书右仆射太原白公墓碑铭》书影（清康熙四十七年昆山徐氏花溪草堂刻本）

作之《刑部尚书致仕赠尚书右仆射太原白公墓碑铭》里，明确记下了"既至，筑堤捍江，分杀水孔道，用肥见田。发故邺侯泌五井，渟储甘清，以变饮食"。

他作为才子的一面过于耀眼，也反过来模糊了他自己的形象，让大家忽略了他也有他治世理政的才能和济民修德的实绩。

城市、湖泊，都成了最适合标记时间的存在——山与海太过静默凝定，属于人类无法代入的那个陌生次元——兴盛衰落的周期再长，也总能被身后的某一代人赶上。他们总能在这片被留存下的风景里，用一次流连忘返得到白居易的一部分。

长安的那个少年，是最好的少年。杭州的那个刺史，是最好的刺史。

最好的少年和最好的刺史之间，隔着一整个名叫白居易的青春，再怎么奔跑，也无法跨越的青春。

也许那段日子，是他真正快乐的时光。

唯一的安慰是，这青春留给了西湖水。

所以，别着急，岁月自会把那条属于你也属于我们每个人的长堤打磨到熠熠生辉。

4. 风景旧曾谙：从此有种乌托邦，叫作江南想象

我一直倾向于把白居易的到来和离开，视作杭州的一个分节点，就像我愿意把唐代作为杭州的一次剪彩。

因为从这一刻起，它不仅留名于史册，而且迈步进入了诗歌。诗歌是另一种史册，一种更加恒久、更加意蕴绵长的史册。

在《全唐诗》《全唐文》《唐才子传》《旧唐书》《新唐书》等各种相关文献中，仅以不完全统计，有唐一代，四十多位生于杭州本土的文人和一百多位在宦寓或游吟中途经杭州的墨客，先后留下过关于杭州的作品。

诗歌曾是他们用来炫耀才华、博取功名、铺展开自己人生地位与财富的筹码，而在这片湖水边，诗歌重新找到了它更洒脱的存在形式：

　　描摹自然的妍丽清新、歌咏众生的安逸富足，既仰望星空又珍惜当下，为国家和民族的文化血管里勾勒出一派最接近诗意本身的涌流。

　　一个值得被吟哦千年的意象系统，就此悬停在东南一脉，它叫作杭州，也叫作江南，它是持久的乡愁里，跋涉一路却总也到不了的乌托邦，又是人人心中暗暗藏着的随时能够治愈伤痛的避风港。

　　无论到没到过，只要你愿意在中国文学史和美学史间稍作逗留，你都无法绕过这场风景旧曾谙的一见如故的相逢。

　　具象的城市落成了，现在该抽象的城市出场。

　　低吟浅唱的用吴语呢喃出的喋喋不休的独白，穿过时间或轻盈或厚重的雾霭，邀请我们一次次进入某个历史现场，一次次地见证，杭州从一个地名变成一个符号的文化宣言。

　　那座城、那些人、那条河、那条江、那方湖水，都没有被时间摧毁，它们的骄傲和忧愁，都没有被时间浪费。

　　它们将在字里行间，经由前人和后人、读者和作者共同构建为永生。

　　以《钱塘湖春行》发端，《孤山寺遇雨》《留题天竺灵隐两寺》《题灵隐寺红辛夷花戏酬光上人》《醉题候仙亭》《天竺寺送坚上人归庐山》《天竺寺七叶堂避暑》《杭州春望》《春题湖上》，直到上一节提到的《西湖留别》，再加上纪胜散文《冷泉亭记》等，白居易在杭州的浅吟低唱，足以拼合成一幅散点透视的卷轴。

从这些诗名就能看出，发生率最高的是醉、是春、是题，醉是情感的浓，春是生机的浓，题是创作欲的浓。

为那条长堤，白居易写有"最爱湖东行不足"的直抒胸臆的流连忘返，写过"几处早莺争暖树"的新鲜跃动的花团锦簇，写过"水面初平云脚低"的明朗如画的自带滤镜的对比度。

为孤山那适于闲居的隐逸之韵，他写有"清虚当服药，幽独抵归山"（《宿竹阁》）的道骨仙风。

为西湖梅花，他写有"三年闲闷在余杭，曾为梅花醉几场？伍相庙边繁似雪，孤山园里丽如妆"（《忆杭州梅花因叙旧游寄萧协律》）的相看不厌的共舞贪欢。

为湖上的荷花、月色与松树，他写有"余杭形胜四方无，州傍青山县枕湖。绕郭荷花三十里，拂城松树一千株"（《余杭形胜》），又有"万株松树青山上，十里沙堤明月中"（《夜归》），淡雅清快之景，呼之欲出，于兹可见。

而最后，他发自肺腑地感怀出"未能抛得杭州去，一半勾留是此湖"（《春题湖上》）的执手相看泪眼。

即使离开杭州十几年之后，年华老去的白居易还在对这段时光的追忆中余梦未消，写下了三首《忆江南》。

《忆江南》属于词，词牌原来叫作《谢秋娘》。相传唐朝政治家李德裕曾在江南一带为官，邂逅了一位名叫谢秋娘的歌女，对其一见倾心，纳为姜室。可惜红颜命薄，秋娘在花样年华染病，不久香消玉殒，李德裕悲痛之际，便用隋炀帝曾制的《望江南》曲填词一首，以寄哀思。

白堤即白沙堤，虽非白公堤，却是今人纪念白居易的寄托

《谢秋娘》的原词未曾流传下来，白居易在填词时，觉得"秋娘"二字入了词牌过于具体、略显俗气，跟笔下想要描写的意境不太相符，便将之改为《忆江南》。

但白居易的怀想和李德裕的怀想，依旧是相似的：从望江南，到谢秋娘，再到忆江南，山水美人，轮转回归，都是值得消磨一世的想念。

那种惘然若失的却又无限流连的意绪，始终未变：

"江南好，风景旧曾谙。日出江花红胜火，春来江水绿如蓝。能不忆江南？

"江南忆，最忆是杭州。山寺月中寻桂子，郡亭枕上看潮头。何日更重游？

"江南忆，其次忆吴宫。吴宫一杯春竹叶，吴娃双舞醉芙蓉。早晚复相逢。"

"日出江花红胜火，春来江水绿如蓝"，这是盛大、绚烂、流光溢彩的杭州。

"山寺月中寻桂子，郡亭枕上看潮头"，这是旷远、清寂、冷艳幽雅的杭州。

白居易和杭州，没有等到"更重游"和"复相逢"，但这并不影响他们在眉间心上一次次地为"忆"而用尽全力。

差不多同一历史时区内，"五言长城"刘长卿正在《新安奉送穆谕德归朝赋得行字》《严子濑东送马处直归苏州》《新安江送陆澧归江阴》《却归睦州至七里滩下作》中，以"离别寒江上，潺湲若有情"的悱恻凄婉，书写着那一条条江水、一处处渡口边，属于杭州的另一面，让人心碎、让人落泪的一面。

杜牧曾在大中三年（849）作《上宰相求杭州启》，主动请求出任杭州刺史，虽然未得批准，但他一生将近三分之一的时间依旧在江南度过。《睦州四韵》"州在钓台边，溪山实可怜。有家皆掩映，无处不潺湲。好树鸣幽鸟，晴楼入野烟。残春杜陵客，中酒落花前"写尽江浙风物，即使那首名满天下的"千里莺啼绿映红，水村山郭酒旗风。南朝四百八十寺，多少楼台烟雨中"（《江南春绝句》），其中也必然含有杭州的影子。

托物言志，内里蓄着无限的不得志和无限的青云之志，可一来二去，写的总是杭州，起笔处总是杭州，安放处也总是杭州。

宋之问《灵隐寺》的草木掩映、曲径通幽："鹫岭郁岧峣，龙宫锁寂寥。楼观沧海日，门对浙江潮。桂子月中落，天香云外飘。扪萝登塔远，刳木取泉遥。霜薄花更发，冰轻叶未凋。夙龄尚遐异，搜对涤烦嚣。待入天台路，看余度石桥。"

孟浩然《宿建德江》的独立月影、四顾无人："移舟泊烟渚，日暮客愁新。野旷天低树，江清月近人。"

李白《古风》（其十二）中的孤洁自许、不合流俗："松柏本孤直，难为桃李颜。昭昭严子陵，垂钓沧波间。身将客星隐，心与浮云闲。长揖万乘君，还归富春山。清风洒六合，邈然不可攀。使我长叹息，冥栖岩石间。"

姚合《寄李频》中的安贫乐道、苦读励志："闭门常不出，惟觉长庭莎。朋友来看少，诗书卧读多。命随才共薄，愁与醉相和。珍重君名字，新登甲乙科。"

余杭人金昌绪的《春怨》，静静地絮叨着一个普通杭州女孩对远在边陲的意中人的思念："打起黄莺儿，莫教枝上啼。啼时惊妾梦，不得到辽西。"

这些都写于杭州，几乎都成了千古名篇。

杭州成了一种怀念、期待、憧憬、抒发、寄放的标配目的，成了一个远在天边、近在眼前的伸手可及又杳然物外的梦。

这些逞才使意、落拓不羁的灵魂，这些以发现美和镌刻美为毕生使命的眼睛，这些注定属于大唐的文体。

不仅仅是个人，还形成了团队、聚落、流派、集群和组织，于是有了交相辉映，有了同气连枝，有了切磋琢磨，有了争鸣交响，最重要的是有了文化品牌。

这个品牌叫作"睦州诗派"。

睦州的范围，大约等同于今淳安、建德、桐庐三县（市），在今日杭州的下辖区域里，它们并非出镜率极高的存在，说起历史中的刻板印象，也无非是丘陵耸峙、江流环绕，来往多靠水陆舟楫，交通闭塞……

可越是这样的地方，越有不被打扰的、最纯净的水和山，越接近世外桃源，越有取之不尽的诗材。它等候的，只是一个恰当的时代、一个恰当的机缘。

有趣的是，睦州诗派的领军人物、淳安人方干，相貌丑陋，还是个豁嘴，人送雅号"补唇先生"，然而其一生耿介、道德高尚、才华出众，宋人尤袤《全唐诗话》评价道："干为诗……齐梁以来，未有之句也。"

这多少也传递出了睦州诗派的性格、杭州周边地区的性格，坐拥美的资质与内核，却不以豪华、机巧、酷炫、口舌为善，讲的是天籁般的去伪存真。

所以，在唐代的杭州身侧，当它接受了诗情诗心的散射，诗歌的天幕瞬间洞开，从此，这里拥有了一方属于自己的群星阵列、属于自己的别开生面。

南宋翁衡《睦州诗派集》一书（已佚），收录了中、晚唐睦州籍诗人方干、李频、喻凫、翁洮、施肩吾、章八元、徐凝、周朴、喻坦之、皇甫湜等十人的诗作，谢翱为此书所作序文明确提出"唯新定自元和至咸通间，以诗名凡十人，视他郡为最"①，这标志着"睦州诗派"作为一个专用名词，正式在文学史上获得了一个明确的位置。

明代大学者宋濂，在为诗人徐舫所作墓志铭中，也这样写道："先是睦多诗人，唐有皇甫湜、方干、徐凝、李频、施肩吾，宋有高师鲁、滕元秀，世号睦州诗派。"②

睦州诗派大多就地取材、以描摹睦州本地风物的山水田园诗为主，多写景和赠别之作，诗风雅丽明快、清彻旷远，大有"一方山水养一方人"的独特性格。

章八元《新安江行》云："江源南去永，野渡暂维梢。古戍悬鱼网，空林露鸟巢。雪晴山脊见，沙浅浪痕交。自笑无媒者，逢人作解嘲。"

方干《暮发七里滩夜泊严光台下》云："一瞬即七

① 〔宋〕谢翱：《晞发集》卷十《睦州诗派序》，文澜阁《四库全书》本。
② 〔明〕宋濂：《文宪集》卷十九《故诗人徐方舟墓铭》，文澜阁《四库全书》本。

新安江

里，箭驰犹是难。樯边走岚翠，枕底失风湍。但讶猿鸟定，不知霜月寒。前贤竟何益，此地误垂竿。"

喻坦之《晚泊富春寄友人》云："江钟寒夕微，江鸟望巢飞。木落山城出，潮生海棹归。独吟霜岛月，谁寄雪天衣？此别三千里，关西信更稀。"

无不落笔如画，江风晚日、野渡荒村、高洁的人格与静谧的禅机，比之杭州城区西湖周遭的花团锦簇，又别有一番性情和奇趣。

要勾勒乃至建立起一座城市的不同面向和多维容止，好像没有比诗歌更适合的载体。

我想要到达的那个"杭州"，直到这一刻，才完完全全地出现。

那不仅仅是一个地理单位，不仅仅是一个行政区划，不仅仅是一个城市名称，更是一个象征，一种叫作"杭州"的精神实体，一种叫作"杭州"的文化乡愁，一种叫作"杭州"的诗意想象，是今天说到"杭州"这两个字时，每个人内心自然而然出现的不可言传的东西。

在具象的杭州落成之后，抽象的"杭州"还需要注入更多气格、意蕴、血脉，方能塑形为一体。

所以，我们对杭州早期建城史的回溯，在这个属于浪漫、属于诗歌的时代里落幕，才是真正的合宜。

有一些行将掩卷的不舍？没关系，杭州还会等来无数为它而发的千古绝唱。

一道天光穿过历史的夜空，苏轼的《饮湖上初晴后雨》、杨万里的《晓出净慈送林子方》、林升的《题临安邸》、高濂的《四时幽赏录》和陈端生的《再生缘》，以及白蛇、梁祝、济公的传说等，所有的这些都正在路上……

而杭州成为"杭州"的这条路，已经奏出了黄钟大吕。

链接：古迹寻踪

【相国井】

相国井位于解放路与浣纱路交叉口西北角，紧贴解放路，地处闹市正中，为李泌所建六井中目前唯一存留的。虽早已失去实用价值，但它是杭州城市演变的重要实物见证之一。

1980 年，杭州市对井遗址进行发掘清理，发现井壁用条石菱角式叠砌而成，井下有石刻题记，于是在此址上新建了井圈、石栏杆及相国井碑记等。2004 年解放路整治时，又重砌了汉白玉围栏，并加上了井盖。

【贺知章故里】

经杜永毅等文史专家参照清代举人郭伦的《萧山赋》等文献考证认为，贺知章故里就是杭州市萧山区蜀山街道的思家桥村（也叫史家桥村）。

据说，思家桥之名就是李白来萧山湘湖边凭吊贺老时取的。至今，思家桥仍横跨于湘湖畔埭上河头。

近年来，蜀山街道重点打造了以勤学重孝、情系家乡为主线的知章文化，"贺知章大讲堂"更成为蜀山干部勤学、善学、乐学的平台。思家桥村也已改名为知章村。

【褚遂良遗迹】

窨瓶巷，位于杭州新华路与凤起路交叉处，长 268 米，旧称助圣庙巷，因其西侧曾有助圣庙，为供奉褚遂良像所建，故名。

【白堤】

在唐即称白沙堤、沙堤，宋、明时又称孤山路、十锦塘。白居易诗中"最爱湖东行不足，绿杨阴里白沙堤"即指此堤。堤上有二桥，今貌形制相似，东北曰断桥，西南曰锦带桥。

白堤密植垂柳，遍栽桃花，可遥望葛岭、保俶塔和

三潭印月等湖中三岛，周遭群山含翠，湖水涂碧，景色
四季分明：春桃夏柳，秋桂冬雪，无不风姿绰约，让人
如在画中。

【古睦州】

本章第四部分睦州诗派主要活动区域，即今杭州市
下辖之县级市建德。

建德市位于钱塘江上游，旅游资源十分丰富，其旅
游主要是以新安江为中心的东、南、西三条旅游线：东
线是富春江七里泷段七里扬帆景区（部分在桐庐），似
是一幅美丽的山水画廊；南线以灵栖洞天、大慈岩悬空
寺为主；西线是新安江水电站、千岛湖等景观。另有梅
城古镇、乌龟洞、情人谷、十里荷花、新叶古村等景点。

睦州诗派作品，亦多从建德秀美景观中采撷灵感，
作为描摹对象。

参考文献

1.翁卫军主编:《杭州简史》,杭州:杭州出版社,2016年。

2.周峰主编:《南北朝前古杭州》(修订版),杭州:浙江人民出版社,1997年。

3.周峰主编:《隋唐名郡杭州》(修订版),杭州:浙江人民出版社,1997年。

4.林正秋:《杭州古代城市史》,杭州:浙江人民出版社,2011年。

5.钟毓龙:《说杭州》,载王国平主编《西湖文献集成》第11册,杭州:杭州出版社,2004年。

6.马时雍主编:《杭州的山》,杭州:杭州出版社,2010年。

7.马时雍主编:《杭州的寺院教堂》,杭州:杭州出版社,2013年。

8.阙维民:《杭州城池暨西湖历史图说》,杭州:浙江人民出版社,2000年。

9.陈述:《杭州运河历史研究》,杭州:杭州出版社,2006年。

10.司马迁:《史记》,北京:中华书局,1959年。

11.陈寿:《三国志》,北京:中华书局,1959年。

12.萧子显:《南齐书》,北京:中华书局,1972年。

13.魏徵等：《隋书》，北京：中华书局，1973年。

14.欧阳修、宋祁：《新唐书》，北京：中华书局，1975年。

15.辛文房：《唐才子传》，沈阳：辽宁教育出版社，1998年。

16.白居易：《白氏文集》，日本元和四年（1618）那波道圆活字印本。

17.辛德勇：《生死秦始皇》，北京：中华书局，2019年。

18.鹤间和幸：《始皇帝：秦始皇和他生活的时代》，杨振红、单印飞译，北京：中信出版社，2019年。

19.张作耀：《孙权传》，北京：人民出版社，2007年。

20.严耀中：《中国东南佛教史》，上海：上海人民出版社，2005年。

21.胡戟：《隋炀帝的真相》，北京：北京大学出版社，2011年。

22.熊存瑞：《隋炀帝：生平、时代与遗产》，毛蕾、黄维玮译，厦门：厦门大学出版社，2018年。

23.夏坚勇：《大运河传》，南京：江苏文艺出版社，2014年。

24.余荩：《白居易与西湖》，杭州：杭州出版社，2004年。

25.王遂今：《白居易与杭州》，杭州：浙江人民出版社，1986年。

26.北溟鱼：《长安客》，天津：天津人民出版社，2020年。

27.孙跃：《西湖边的墨迹》，杭州：浙江大学出版社，2013年。

丛书编辑部

艾晓静　包可汗　安蓉泉　李方存　杨　流
杨海燕　肖华燕　吴云倩　何晓原　张美虎
陈　波　陈炯磊　尚佐文　周小忠　胡征宇
姜青青　钱登科　郭泰鸿　陶文杰　潘韶京
（按姓氏笔画排序）

特别鸣谢

顾志兴　杜正贤　楼毅生（系列专家组）
魏皓奔　赵一新　孙玉卿（综合专家组）
夏　烈　郭　梅（文艺评论家审读组）

供图单位和图片作者

萧山区博物馆　拱宸书院
王建青　任　轩　赵　辛　徐昌平　黄自匋
（按姓氏笔画排序）